Edith Rüdell

Das BASIS-Buch des Lernens
Mehr Erfolg für unsere Kinder in der Schule

Klett | Kallmeyer

Bibliografische Information der Deutschen Nationalbibliothek
Die Deutsche Nationalbibliothek verzeichnet diese Publikation in der Deutschen Nationalbibliografie;
detaillierte bibliografische Daten sind im Internet über http://dnb.d-nb.de abrufbar.

Impressum

Edith Rüdell
Das BASIS-Buch des Lernens
Mehr Erfolg für unsere Kinder in der Schule

1. Auflage 2010

Das Werk und seine Teile sind urheberrechtlich geschützt. Jede Nutzung in anderen
als den gesetzlich zugelassenen Fällen bedarf der vorherigen schriftlichen Einwilligung
des Verlages. Hinweis zu § 52 a UrhG: Weder das Werk noch seine Teile dürfen
ohne eine solche Einwilligung eingescannt und in ein Netzwerk eingestellt werden.
Dies gilt auch für Intranets von Schulen und sonstigen Bildungseinrichtungen.
Fotomechanische oder andere Wiedergabeverfahren nur mit Genehmigung des Verlages.

© 2010. Kallmeyer in Verbindung mit Klett
Friedrich Verlag GmbH
D-30926 Seelze-Velber
Alle Rechte vorbehalten.
www.friedrich-verlag.de

Redaktion: Stefan Hellriegel, Berlin
Satz: Maik Dopheide
Druck: Kessler Druck + Medien GmbH & Co. KG, Bobingen
Printed in Germany

ISBN: 978-3-7800-1051-3

Nicht in allen Fällen war es uns möglich, den Rechteinhaber ausfindig zu machen. Berechtigte
Ansprüche werden selbstverständlich im Rahmen der üblichen Vereinbarungen abgegolten.

Edith Rüdell

Das BASIS-Buch des Lernens

Mehr Erfolg für unsere Kinder in der Schule

Klett | Kallmeyer

Vorwort 6

Einleitung 7

**1   Zur Lernfreundlichkeit und Begabungsgerechtigkeit
    unseres Schulsystems** 10
    Begabungsgerechtigkeit in deutschen Schulen • Begabung ist eine
    dynamische Größe • Ein schwedisches Experiment: selektive oder
    komprehensive Schule? • Viele Faktoren führen zur Leistungsexzellenz

2   Erfolgreiches Lernen aus unterschiedlichen Perspektiven 16
    Lernen ist nicht nur „pauken" • Erkenntnisse der bekanntesten Lerntheorien

2.1 Lernen – neurowissenschaftlich betrachtet 19
    Unser Gehirn – etwas näher betrachtet • Zur Arbeit der „kleinen grauen Zellen" •
    Unsere Gedächtnissysteme: Wie wir Gelerntes speichern • Wie unser Gehirn
    Informationen verarbeitet: filtern, deuten und bewerten • Der Bauch im Kopf –
    Bewusstes und Unbewusstes im Lernprozess • Wie das Gehirn entscheidet,
    was es gerne lernen möchte • Alle lernen gleich, jeder lernt anders

**2.2 Pädagogisch wünschenswert: vollständige und nachhaltige Lernprozesse oder
    „Gesagt ist noch nicht gehört …"** 47
    Gesagt ist noch nicht gehört • Gehört ist noch nicht verstanden • Verstanden
    ist noch nicht einverstanden • Einverstanden ist noch nicht angewendet •
    Angewendet ist noch nicht beibehalten

2.3 Und so klappt es garantiert nicht – lernhemmende Faktoren 52

3   Eine BASIS-Philosophie für erfolgreiches Lernen in der Schule 57
    Neurowissenschaftliche Prämissen • Die fünf Forderungen der
    BASIS-Philosophie im Überblick

3.1 Beziehungen den Vorrang einräumen 60
    Warum es auf Beziehungen ankommt • Wege zur Verbesserung des Schulklimas

3.2 Aktives Lernen im Unterricht ermöglichen … 68
Aktives Lernen und nachhaltiger Kompetenzerwerb • Unterrichtsprinzipien und -methoden, die aktives Lernen im instruierenden Unterricht fördern

3.3 Sicherheitsnetze für Lernprozesse aufspannen … 76
Grundlegend: Basiskompetenzen einüben • Strategiewissen vermitteln • Erfolgszuversicht stärken

3.4 Individuell fördern und fordern … 83
Fördern ist mehr als Sortieren • Selbstständiges und individuelles Lernen fördern

3.5 Stärken stärken und erfolgsorientiert arbeiten … 90
Projekt- oder projektorientierter Unterricht • Öffnung des Schullebens für außerunterrichtliche Aktivitäten • Orientierung am eigenen Leistungszuwachs

4 Ein Weg zu mehr Kompetenz und Begabungsentfaltung in unseren Schulen … 95

4.1 Welche Konzepte und Praktiken wir in die Mottenkiste packen müssen … 96
Schule ist keine bloße Wissensvermittlungsmaschine • Lernen muss nicht im Gleichschritt erfolgen • Fehler sind keine Schande, sondern eine Chance • Anwenden und Üben von Lehrstoff ist nicht verzichtbar • Frühe Selektion wird den Begabungen der Schüler nicht gerecht

4.2 Bildungspolitische Reformen … 99
2001: Die KMK legt Handlungsfelder fest • Umsetzung der KMK-Empfehlungen am Beispiel Nordrhein-Westfalen • Fazit: Was hat sich bis heute getan?

4.3 Best Practice: Schulen auf dem Weg zu mehr Lernfreundlichkeit … 103

4.4 Pädagogik und ihre Organisation … 106
Vier Stufen der Schulentwicklung: Pädagogik verändert sich • Organisationsstrukturen müssen Pädagogik unterstützen • Folgerungen für unser Schulsystem

5 Mut für einen Anfang! … 112

Literaturverzeichnis … 115

Vorwort

Während ich die letzten Zeilen dieses Buches schreibe, empfinde ich große Dankbarkeit dafür, dass mir viele Menschen in dieser Zeit des Schreibens zur Seite gestanden haben. Sie haben mich – wie meine Tochter Katja – ermuntert, meine Gedanken aufs Papier zu bringen und den manchmal mühevollen Schreibprozess durchzuhalten. Allen voran möchte ich an dieser Stelle Dr. Norbert Posse danken für die vielen klärenden Gespräche von der ersten Idee bis zur Konzeption und Fertigstellung, für seine vielfältigen Anregungen, die positive Kritik und das „Mach weiter!".

Dank an meine Kolleginnen und Kollegen aus Schule und Wissenschaft: Dr. Britta Busch, Prof. Reinhold Christiani, Gisa Hamacher, Maria Hammerschmidt, Ingrid Markmann und Dr. Elisabeth Schumacher für die Zeit, die sie mir geschenkt haben, für lebhafte Diskussionen um Konzepte und ihre Erarbeitung, für wichtige Literaturempfehlungen oder das Lesen und Kommentieren meiner Texte.

Ihnen und auch meinen ehemaligen Kolleginnen und Kollegen aus der Peter-Ustinov-Gesamtschule verdanke ich einen guten Gedankenaustausch und – hoffentlich – genügend Erdung.

Das *BASIS-Buch des Lernens* hatte eine wahrhaft lange Inkubationszeit. Mir wird im Nachhinein klar, dass das wohl nötig war. Ohne die praktischen Erfahrungen aus meiner langen Zeit als Lehrerin hätte ich es sicher genauso wenig schreiben können wie ohne meine Auseinandersetzung mit neurowissenschaftlichen und bildungspolitischen Fragen im Promotionsstudium und ohne die Begegnungen mit Menschen, die meinen Blick für Fragen der Schulentwicklung geschärft haben.

Last not least möchte ich mich ganz besonders bei Dr. Sybille Tochtermann und Dr. Gabriela Holzmann von Klett/Kallmeyer für ihre Unterstützung und kompetente Beratung bedanken und bei Stefan Hellriegel für die gute Zusammenarbeit, die umsichtigen redaktionellen Korrekturen und vielen Optimierungsvorschläge, ohne die dieses Buch so nicht Gestalt angenommen hätte.

Ohne die Arbeit mit meinen Schülerinnen und Schülern, Studentinnen und Studenten, hätte ich viele Momente erfolgreichen Lernens nicht miterleben können und die Erfahrung vermisst, wie klug und talentreich die jungen Mitglieder unserer Gesellschaft sind. Dank an alle!

Einleitung

Beim Besuch eines großen Colleges in Mittelengland im Jahre 1999 erzählte mir die damalige Schulleiterin M. Cruickshank von einer sehr erfolgreichen schulinternen Fortbildung, die in ihrer Schule kürzlich stattgefunden hatte. Schließlich gab sie mir das Buch des Dozenten mit dem Titel *Accelerated Learning in the Classroom*. A. Smith (1998) stellte dort einen für mich interessanten Zusammenhang zwischen effektiver Unterrichtsgestaltung und der Arbeitsweise des Gehirns her. Ich war überrascht: In keinem deutschen Methodikbuch war mir bis dahin eine derartige neurowissenschaftliche Begründung pädagogischer Praxis begegnet. Zwischen diesem Ereignis und dem Beginn des vorliegenden Buches liegen nun zehn Jahre. Die Themen „Neurowissenschaftliche Grundlagen von Lernen und Lernversagen" und „Individuelle und begabungsgerechte Lernprozessbegleitung im Unterricht" haben mich in dieser Zeit in Schule und Universität nicht mehr losgelassen.

In letzter Zeit beschäftigte mich im Rahmen eines Seminars zu „Begabung und Lernen" besonders der Begriff der „Begabungsgerechtigkeit". In Deutschland reklamieren ihn interessanterweise konservative wie innovative Bildungspolitiker gleichermaßen für sich. Was steckt für die Einzelnen hinter diesem Begriff, fragte ich mich. Ist er so dehnbar, dass sich offensichtlich sehr unterschiedliche Auffassungen und Menschenbilder dahinter verbergen können? Und wie ist es mit dem Begriff „Begabungsentfaltung"? Auch der Nichtfachmann weiß, dass mit der Entfaltung eines Talentes untrennbar Lernen verbunden ist. In Fernsehshows, in denen Supermodels oder Supertalente gesucht werden, kann man verfolgen, was die Kandidaten von Auftritt zu Auftritt Neues gelernt haben – oder auch nicht. Ernsthafte Begabungsentfaltung kostet viel Zeit und ist in der Regel mit mehr Transpiration als Inspiration verbunden. Jedenfalls schildern so große Künstler ihren Weg zum Erfolg, und auch die heutige Leistungsexzellenzforschung spricht von einem Zeitraum von mindestens zehn Jahren, den ein talentiertes Kind an Lernen und Training braucht, um zu hervorragenden Leistungen zu kommen. Das Thema „Erfolgreiches Lernen" scheint also die Hauptrolle bei der Begabungsentfaltung zu spielen.

Dieses Buch möchte sich den Themen „Erfolgreiches Lernen" und „Begabungsentfaltung" von verschiedenen Seiten nähern. Zunächst soll die Frage im Vordergrund stehen, was wir heute überhaupt unter „Begabung" verstehen und ob unser Schulsystem diesen Vorstellungen gerecht wird – internationale Untersuchungen zu Leistungsstandards wie PISA lassen daran zweifeln. Es ist zwar das erklärte Ziel von Politikern aller Parteien, dass jedes Kind nach seiner Begabung zu fördern sei, doch man ist sich ziemlich uneinig darüber, wie das zu erreichen sein könnte. Wer für erfolgreiches Lernen und Begabungsgerechtigkeit in unserem Schulwesen sorgen möchte, muss sich jedoch zunächst fragen, was „Intelligenz" oder „Begabung" eigentlich ist. Diesem Thema widmet sich Kapitel 1.

Nicht nur beim Thema „Begabung", sondern auch beim Verständnis der Lernvorgänge selbst hat die Wissenschaft bedeutende Fortschritte erzielt, die in die Konzep-

Einleitung

tion von Schulsystem und Schulunterricht Eingang finden müssen: Was sind die Faktoren, die erfolgreiches Lernen ermöglichen? Was wirkt sich eher lernhemmend aus? In Kapitel 2 werden nach einer kurzen Übersicht über die bekanntesten Lerntheorien des 20. Jahrhunderts besonders die neurowissenschaftlichen Erkenntnisse zum Thema „Lernen" dargestellt. Die Erkenntnisse der Hirnforschung liefern überzeugende Anhaltspunkte für die Vernetzung der kognitiven, emotionalen und sozialen Faktoren in der Informationsverarbeitung und Speicherung und weisen auf die Notwendigkeit einer individuellen Lernprozessbegleitung hin. Sie untermauern vielfach bekannte erziehungswissenschaftliche und psychologische Einsichten und ebenso erfolgreich praktizierte pädagogische Vorgehensweisen, sie bieten aber auch neue Gesichtspunkte. Dies gilt besonders für vollständige Lernprozesse und nachhaltiges Lernen, dem erwünschten Ziel schulischer Arbeit.

Nach der Darstellung dieser Grundlagen werden konkrete pädagogische Konsequenzen aus den neurowissenschaftlichen Erkenntnissen für Unterrichtspraxis und Schulleben gezogen: In Kapitel 3 werden fünf Forderungen diskutiert und mit Praxis-Tipps und Beispielen vorgestellt, die die zentrale „Philosophie" des vorliegenden *BASIS-Buchs des Lernens* darstellen. Wenn wir eine lern- und leistungsfreundliche Schule schaffen wollen, dann müssen wir diese fünf Prinzipien beachten:

▸ *B*eziehungen den Vorrang einräumen – emotionale und soziale Sicherheit und ein Gefühl des Dazugehörens zur schulischen Gemeinschaft wirken lernförderlich.
▸ *A*ktives Lernen im Unterricht ermöglichen – nicht nur im offenen, sondern auch im instruierenden Unterricht sollen Lernende sich Inhalte nachhaltiger aneignen können.
▸ *S*icherheitsnetze für Lernprozesse aufspannen – eine Automatisierung von Basiskompetenzen, der Erwerb effektiver Lernstrategien und ein anderer Umgang mit Fehlern und Feedback optimieren Lernen und machen es weniger störanfällig.
▸ *I*ndividuell fördern und fordern – Schulen müssen mehr Raum für persönliche Lernziele, individuelle Lerninteressen und eigene Herangehensweisen geben.
▸ *S*tärken stärken und erfolgsorientiert arbeiten – Erfolgszuversicht, Frustrationstoleranz, ein gutes und realistisches Selbstwertgefühl sind für erfolgreiches Lernen unentbehrlich.

Doch obwohl viele Lehrerinnen und Lehrer solche Gedanken in ihrem Unterricht schon lange beherzigen, besteht zur durchschnittlichen schulischen Realität scheinbar immer noch ein bemerkenswerter Abstand. Daher wird in Kapitel 4 zunächst überlegt, welche Vorstellungen und Praktiken jetzt eigentlich „reif für die Mottenkiste" sein sollten, weil sie erfolgreiches Lernen nach dem jetzigen Stand des Wissens eher beeinträchtigen als fördern. Seit dem PISA-Schock haben die Kultusministerien versucht, neue pädagogische Handlungsfelder zu definieren und auch zu implementieren. Die diesbezüglichen Empfehlungen werden im Überblick dargestellt und in Bezug auf ihre Umsetzung kritisch beleuchtet. Eine Innovation erfordert jedoch nicht nur bestimmte neue Haltungen und Einsichten, sondern auch ein entsprechendes praktisches Handlungswissen und Können, viel Kooperation, Kommunikation und einen Konsens über gemeinsame Vorgehensweisen. Das wird bei den Schulpreisträgern in unserem Land besonders deutlich. An der Arbeit dieser lern- und leistungsfreundlichen Schulen wird gezeigt, wie eine Schulpraxis aussehen kann, die Prinzipien der BASIS-Philosophie verwirklicht und auch die organisatorischen Rahmenbedingungen den pädagogischen Notwendigkeiten anpasst. Nicht zuletzt können gerade bestehende organisatorische Rahmenbedingungen im Sekundarbereich des Regelsystems sich als Hemmschuh für eine innovative Pädagogik erweisen.

Das abschließende 5. Kapitel versteht sich als ein Plädoyer für einen Wandel hin zu einer wirklich lernfreundlichen, leistungsfördernden Schule, in denen unsere Kinder mehr Erfolg haben können, als dies bisher möglich war. Wie zu zeigen sein wird, machen die gesellschaftliche und auch wirtschaftliche Situation in unserem Land diesen Schritt notwendig.

Dieses Buch richtet sich zum einen an praktizierende Lehrerinnen und Lehrer, Schulleiterinnen und Schulleiter, die nicht nur nach bildungspolitischer „Anweisung", sondern aus innerer Überzeugung ihre Arbeit machen, die also individuelle Begabungs- und Lernförderung ihrer Schülerinnen und Schüler auf ihre Fahnen schreiben. Ihnen Bestärkung und Unterstützung durch ganz praktisch einsetzbare Hinweise zu bieten, ist ein wesentliches Anliegen dieses Bandes. Begrüßenswert wäre es, wenn auch zukünftige Lehrerinnen und Lehrer dieses Buch zur Kenntnis nehmen. Sie könnten lernen, dass die größte Herausforderung (und auch Belohnung) ihres zukünftigen Berufes darin besteht, nicht nur Fachwissenschaftler, sondern auch „Brückenbauer" zu werden, versiert in Kommunikation und in ihrem Fachgebiet zugleich. Last, but not least richtet sich das Buch an alle bildungspolitisch Interessierten und Involvierten. Ohne einen gesellschaftlichen und bildungspolitischen Konsens wird es schwierig sein, einen wirklichen Wandel zu einem lernfreundlichen Schulsystem im Sinne einer BASIS-Philosophie zu vollbringen.

1 Zur Lernfreundlichkeit und Begabungsgerechtigkeit unseres Schulsystems

Begabungsgerechtigkeit in deutschen Schulen

Fragt man Politiker unterschiedlicher Parteien danach, wie sie sich ein Schulwesen vorstellen, das allen Schülerinnen und Schülern möglichst gerecht wird, so erweisen sie sich bald als Verfechter eines bestimmten Schulsystems. Wie ist es möglich, dass sowohl eifrige Fürsprecher eines gegliederten Schulwesens als auch Anhänger einer „Schule für alle" gleichermaßen von sich behaupten können, nur die von ihnen jeweils präferierten Schulformen seien wirklich begabungsgerecht, brächten Kinder und Jugendliche zu größtmöglichen Schulerfolgen? Was verbirgt sich an Vorstellungen hinter dem Begriff „Begabungsgerechtigkeit"? Ist er derartig dehnbar, dass man damit gleichermaßen eine frühe Selektion und eine lange gemeinsame Beschulung rechtfertigen kann?

Schaut man sich die Realität in deutschen Schulen an, so scheint es mit der vorgeblichen Begabungsgerechtigkeit und Begabungsförderung nicht so weit her zu sein. Die letzten großen internationalen Studien PISA und IGLU bescheinigten unseren Schülerinnen und Schülern keine überragenden Leistungen. Sie machten unter anderem deutlich, dass eine enorm große Zahl an Schülerinnen und Schülern in den untersuchten Bereichen der Lese-, mathematischen und naturwissenschaftlichen Kompetenz nur geringe Leistungen erzielen. Je nach Kompetenzbereich war es ein Fünftel bis knapp ein Viertel aller deutschen Fünfzehnjährigen, die nur die niedrigste Kompetenzstufe oder noch nicht einmal diese erreichten. Höher als in allen anderen Ländern Europas ist mit 40 % (Füller 2008, S. 165) auch die Quote der Schülerinnen und Schüler, die keine regelrechte Schullaufbahn durchlaufen, weil sie Klassen wiederholen mussten, zurückgestellt wurden oder in eine niedere Schulform abgestuft wurden. Etwa 8–10 % eines Jahrgangs müssen in unserem Land sogar die Schule ohne den Mindestabschluss verlassen. Internationaler Durchschnitt ist 4–5 %. Vor allem in unseren Stadtstaaten sind viele Hauptschulen zu regelrechten „Schulgettos" geworden (Füller 2008, S. 168). Während bei uns von 100 Akademikerkindern 83 das Abitur machen, sind es bei Arbeiterkindern gerade einmal 23. Nur 36 % eines Jahrgangs haben 2005 ein Studium begonnen. Zum Vergleich: In Schweden und Australien waren es rund 70 %.

Problemkind Schulsystem?

Angesichts dieser Zahlen sollten wir uns fragen, ob wir denn tatsächlich so viel unbegabter oder gar dümmer als andere Völker sind. Oder stimmt mit unserem Schulsystem und dem Innenleben in unseren Schulen doch etwas nicht? Sollte es doch nicht der Leistungsoptimierung dienen, Kinder mit dem 10. Lebensjahr nach „Begabungen" zu sortieren? (Darin sind wir, zusammen mit der Schweiz und Österreich einzigartig in Europa!)

Führen wir uns vor Augen, was bei uns eine gängige Vorstellung von guter Begabung ist, die in der Regel zu einer Empfehlung für das Gymnasium führt. Im Mittelpunkt steht eine gute Auffassungsgabe, ein hohes Lerntempo, Abstraktionsfähigkeit und vor allem gutes sprachliches Ausdrucksvermögen. Dies scheint mit „akademischer Begabung" gleichgesetzt zu werden. Ist es richtig, dieser Diagnose durch Grundschullehrer Prognosequalität für die weitere Schullaufbahn zuzuschreiben? Sind Kinder, die die genannten Qualitäten im Alter von 10 Jahren nicht zeigen, wirklich weniger intelligent und leistungsfähig? Ist wirklich nur durch frühe äußere Differenzierung größtmöglicher Schulerfolg für jedes Kind zu garantieren und auf diese Weise zu sichern, dass die „intelligenten" Kinder nicht von den „dümmeren" am Fortkommen behindert werden?

Hier scheiden sich für gewöhnlich die Geister. Einige sehen gerade akademische Begabung als eine Gabe, mit der wir geboren werden. Sie wird mit Intelligenz gleichgesetzt, die als relativ unveränderlich vererbte Größe betrachtet wird und die die Kraft hat, sich unabhängig von der Umwelt durchzusetzen. Allenfalls wird der Umwelt eine in geringem Maße fördernde oder hemmende Rolle zugeschrieben. Zudem wird angenommen, dass Intelligenz sich selbstverständlich in guten und sehr guten Schulleistungen manifestiert.

Vielen von uns, oft auch Lehrerinnen und Lehrern, scheint es in Fleisch und Blut übergegangen zu sein, dass Intelligenz und Begabung nach der Normalverteilungskurve nicht nur in der Bevölkerung, sondern auch in jeder Klasse verteilt sind. Wie oft hört man: „Es muss doch einfach auch Dumme geben!" Und wie oft wird Hochbegabung mit einem IQ über 130 gleichgesetzt und lediglich 2–3 % der Bevölkerung zugestanden.

Erstaunlich ist allerdings, dass die so sorgfältig nach Grundschulleistungen und den oben genannten Kriterien vorsortierten Kinder im gegliederten Sekundarschulwesen trotzdem die Hoffnungen, die in sie gesetzt wurden, nicht erfüllen. Einige wenige entwickeln sich besser, viele aber schlechter als erwartet. An manchen Orten müssen Hauptschulen für die Rückkehrer von Gymnasien und Realschulen nach der Orientierungsstufe im 7. Jahrgang eine neue Klasse eröffnen. Dann warten wir mit unterschiedlichen Erklärungen auf. Meist bekommen die überehrgeizigen Eltern, die absolut lustlosen Kinder und Jugendlichen, zu strenge oder zu nachgiebige Lehrer die Schuld zugeschoben, selten unser System und der Geist, der in unseren Schulen, Familien und der Gesellschaft herrscht. Wir werden uns dessen selten bewusst, aber beide bestimmen doch unterschwellig unser Handeln und Unterlassen offensichtlich in weit stärkerem Maße, als wir es wahrhaben wollen. Hinter offen formulierten Zielen in Richtung Chancengleichheit und Begabungsgerechtigkeit können sich daher ganz unterschiedliche Vorstellungen von Begabung verbergen.

Begabung ist eine dynamische Größe
Was kann man alles unter „Begabung" verstehen? Die einen betonen nur die ganz spezifische genetische Ausstattung eines Kindes. Ein unverwechselbares Talent, das ihm in die Wiege gelegt wurde. Aber ist Begabung allein an hohen Intelligenztestwerten und besten Schulnoten bereits im Grundschulalter zu erkennen? Sind nur die Kinder begabt, die schnell akademische Sachverhalte erfassen, sie effektiv speichern und sprachlich einwandfrei, schnell und sicher wiedergeben können?

1 Zur Lernfreundlichkeit und Begabungsgerechtigkeit unseres Schulsystems

Bereits 1952 propagierte Heinrich Roth, Pädagoge und Psychologe und später Vorsitzender des Deutschen Bildungsrates, den Wechsel von einem statischen zu einem dynamischen Begabungsbegriff. Er betonte das „Begaben" eines Kindes durch eine entsprechende Umwelt, er sah Begabungsentfaltung nur durch die Begegnung mit fördernden und fordernden Menschen und kulturellen Betätigungsfeldern als möglich an. Eine relativ frühe spezifische Ansprechbarkeit für bestimmte Aufgaben zeigt nach Roth (1961, S. 154) nur die Ausgangssituation von Begabung an. Auch heutige Hochbegabungsforscher sprechen von dieser besonderen Ansprechbarkeit, der Leichtigkeit und Schnelligkeit, mit der begabte Kinder auf ihren Gebieten lernen. Winner (2007) bezeichnet sie als „Kinder voller Leidenschaft". Aber hier wie dort werden viele notwendige Schritte gesehen, um aus dieser frühen Ansprechbarkeit eine Begabung zu entfalten oder – wie es Wissenschaftler heute ausdrücken – Leistungsexzellenz zu entwickeln. Der dynamische Begabungsbegriff fokussiert auf genau diesen Prozess der Interaktion zwischen Kind und den entsprechenden Menschen seiner Lernumwelt. Begabung ist dann keine statisch gleichbleibende Größe.

<u>Begabung – statisch oder dynamisch gesehen?</u>

Bis in die 1950er Jahre, so Roth, wurde in der Psychologie Begabungsforschung auf die Intelligenzforschung verengt. Da Intelligenz von Spearman lapidar als das definiert wurde, was der Intelligenztest misst, bestimmt die Art der Konstruktion von Tests weitgehend auch die Intelligenzdefinition. Mit diesen Tests wird – so Roth – grundsätzlich die „intelligente Anfangsleistung neuen Aufgaben gegenüber" (Roth 1961, S. 140) gemessen, die möglichst unabhängig von bisherigen Lern- und kulturellen Erfahrungen des Individuums sein soll. Für jede Altersstufe müssen Aufgaben zur Problemlösung gestellt werden, die diese Kriterien erfüllen. Dies führt bei unveränderter Umwelt des Kindes mit entsprechend ähnlichen schulischen und familiären Bedingungen zu ähnlichen Ergebnissen in den Jahren des Pflichtschulalters. Intelligenz wurde daher, vor allem von Laien, aber auch von einigen Wissenschaftlern, als früh feststehende, gänzlich oder weitestgehend genetisch festgelegte und konstante Größe gesehen. Wurde sie dann noch mit Begabung gleichgesetzt, so nimmt es nicht wunder, dass Vertretern dieser Auffassung ein früh selektierendes Schulsystem als begabungsgerecht erschien. Schließlich sollten begabte Kinder möglichst früh entdeckt und gefördert werden.

Nach Roth ist Intelligenz aber „allenfalls ein Anfangsversprechen". Pädagogisch interessant sind für ihn aber keine Anfangsversprechen, sondern Endleistungen, bewältigte Aufgabenfelder, die „Aneignung, Beherrschung und Vollendung tatsächlicher Leistungsformen unserer Daseinsbewältigung und Kulturbetätigung" (Roth 1961, S. 142). Intelligenz, so wie sie die gängigsten Intelligenztests messen, ist damit zwar eine wichtige, keinesfalls aber eine hinreichende Voraussetzung für eine spätere gute Leistungsfähigkeit. Der Schule kommt nach Roth die Aufgabe zu, situative Bedingungen zu schaffen, unter denen sich Begabungen wirklich entfalten können.

Ein schwedisches Experiment: selektive oder komprehensive Schule?

Wichtige Schützenhilfe hätten die deutschen Pädagogen und Bildungspolitiker, die einen solchen dynamischen Begabungsbegriff in den 1960er Jahren unterstützten, aus Schweden bekommen können. Fast zeitgleich mit Roth wies der Stockholmer Professor für pädagogische Psychologie und angewandte Erziehungswissenschaft Torsten Husén nach, dass zwar einerseits eine akademisch orientierte Begabung im obigen Sinne (von ihm als „booklearning" bezeichnet) bereits im Alter von 10 Jahren zu erkennen sei, aber andererseits keinesfalls zwangsläufig dann zu einer Selektion der Kinder in verschiedene Schullaufbahnen führen müsse und solle. Dies hielten Husén und die schwedische Regierungskommission aus mehreren Gründen für nicht gerechtfertigt und wünschenswert (Husén 1967, 1993).

Der Wissenschaftler sah es durch einschlägige umfangreiche Studien als nachgewiesen an, dass es eine enge Korrelation zwischen praktischer und theoretischer Begabung gab. Für ihn war es irrig, Kinder im Alter von 10 Jahren in entweder praktisch oder theoretisch Begabte einteilen zu wollen und voneinander möglichst früh zu separieren. Praktische Talente traten nach seinen Erkenntnissen später zutage als verbale Fähigkeiten und Abstraktionsvermögen. Eine frühe Trennung in der Schule würde – darüber herrschte in Schweden Konsens – zudem einen Verlust für praktische Berufe bedeuten, die dann ihren fairen Anteil an qualifizierten Leuten und fähigen Sprechern verlieren würden.

Theoretisch oder praktisch? Theoretisch *und* praktisch!

Ein weiteres wichtiges Argument gegen eine frühe Selektion war für Husén die – in seinen Augen unsinnige – Gleichsetzung von Diagnose und Prognose für die Schullaufbahn im Alter von 10 Jahren. Dies beruhte zum Teil auf den Erfahrungen des Stockholmer Schulversuchs der 1950er Jahre, der unter anderen von Husén und seinen Doktoranden wissenschaftlich begleitet wurde. Stockholm wurde in diesen Jahren in zwei Sektoren aufgeteilt. Der eine Sektor behielt das selektive System bei (das unserem jetzigen dreigliedrigen Schulsystem weitgehend entsprach), der andere erprobte die gemeinsame Beschulung für alle Kinder von Klasse 1 bis 9.

Gegen das selektive System sprach der hohe Anteil von Kindern, die trotz sorgfältigster Auslese nach Noten oder durch Aufnahmeprüfungen die Schule nicht regelrecht durchliefen. Husén stellte fest, das fast die Hälfte von ihnen zur Klassenwiederholung oder zum Teil sogar zum Schulabbruch gezwungen war, wobei der Anteil der Arbeiterkinder unter Letzteren überproportional hoch war. Dieses Ausmaß an, wie er es nannte, „social wastage" („sozialer Verschwendung") hielt er einer demokratischen Gesellschaft für nicht würdig. Es scheint bei uns jedoch immer noch üblich zu sein und wird erst in jüngster Zeit häufiger öffentlich infrage gestellt.

Frühe Selektion: „soziale Verschwendung"

Weiterhin zeigte er auf, von wie vielen anderen Faktoren in der Persönlichkeit und der jeweiligen Lernumgebung und nicht zuletzt von der stürmischen Pubertätsphase es abhing, welchen Weg durch die Schule ein Kind machen kann, und er bestritt, dass Jugendliche vor dem Alter von 15 bis 16 Jahren dazu in der Lage seien, wirklich schon volle Verantwortung für die Ausrichtung ihrer Schullaufbahn auf eine geplante berufliche Karriere selbst zu übernehmen. Da sich im Stockholmer Experiment die Durchschnittsleistungen in beiden Systemen nicht unterschieden, Spitzenleistungen gleich blieben, die Kinder mit geringerer Leistungsfähigkeit aber im komprehensiven System viel besser mitkamen, folgten die Schweden Huséns Ansichten und beschlossen 1962 die gemeinsame „Grundskola" für alle Kinder der Klassen 1–9. Etwas später folgte die „Gymnasieskola" für die Klassen 10–12, die auch heute noch rund 96 % aller Jugendlichen besuchen. Sie können dort einen zum Studium berechtigenden oder beruflichen Abschluss erwerben. Dass dieses Experiment erfolgreich verlaufen ist, zeigen nicht zuletzt die guten Leistungen schwedischer Schülerinnen und Schüler bei den PISA-Untersuchungen seit 2000 und die hohe Zahl der Studienanfänger.

Heute wünschen zwar deutsche Bildungspolitiker ebenfalls eine Erhöhung der Leistungsfähigkeit von Schülerinnen und Schülern, klammern aber mehrheitlich den Gedanken daran aus, ob unser früh selektierendes Schulsystem dies auch ermöglichen kann. Politische Entscheidungsträger stehen offensichtlich immer noch einer großen Lobby gegenüber, die – aus welchen Gründen auch immer – Begabung weiterhin als statische Größe ansieht und schulisches Lernen als reinen Wissenserwerb betrachtet, während viele Wissenschaftler, auch renommierte Forscher auf dem Feld der Hochbegabung, ein dynamisches Begabungsmodell bevorzugen.

Viele Faktoren führen zur Leistungsexzellenz
Insgesamt wird Lernen und Begabungsentfaltung heute in der Erziehungswissenschaft und Pädagogischen Psychologie als ein hochkomplexer Prozess anerkannt, bei dem kognitive, emotionale, soziale Komponenten und situative Begleitfaktoren eine wichtige Rolle spielen und miteinander vernetzt sind.

In der Hochbegabtenforschung (vgl. Heller/Ziegler 2007) spricht man, wie schon erwähnt, nicht mehr von entfalteter Begabung, sondern „neutraler" von Leistungsexzellenz. Deren Förderung wird als dynamisches Zusammenspiel von Fähigkeiten des Lernenden mit dem Lernangebot verstanden (aptitude treatment interaction). Auch wenn von einer gegebenen besonderen Anlage ausgegangen wird, die es einzelnen Kindern erlaubt, Lernangebote voll auszunutzen und schneller und leichter bestimmte Stufen zu erreichen als andere, wird die Dynamik und Güte in der Interaktion als maßgeblich angesehen. Als entscheidende Variablen in der Leistungsentwicklung gelten Quantität und Qualität der Lernprozesse in einem Fachgebiet. Das Forschungsinteresse gilt daher vorwiegend der Frage, wie effektiv Lernprozesse gestaltet sein müssen, die den Übergang von einem zum nächsten Leistungsniveau in einer Domäne ermöglichen. Die Expertiseforschung befasst sich daher besonders mit den Wechselwirkungen, die zwischen dem Trainer, seinen Lernangeboten und den Reaktionen beziehungsweise Aktionen des Lernenden entstehen, und beachtet die jeweiligen Rückkopplungseffekte.

1 Zur Lernfreundlichkeit und Begabungsgerechtigkeit unseres Schulsystems

Kreativität wird von den meisten Forschern als unerlässliche Komponente von Hochbegabung angesehen. Unbestritten ist auch, dass Motivation und Durchhaltevermögen neben anderen nicht kognitiven Persönlichkeitsmerkmalen – wie Stressbewältigung, Leistungsmotivation, Arbeitsverhalten, Aufmerksamkeit, Konzentration, Selbstwirksamkeitserwartung – und Umweltmerkmale wichtige Moderatoren in einem (Hoch-)Begabungsmodell sind (vgl. Heller/Perleth 2007).

Es wundert nicht, dass gerade Wissenschaftler, die sich mit Leistungsexzellenz befassen, die in der Öffentlichkeit so oft praktizierte Gleichstellung eines hohen Intelligenztestergebnisses (Mindestwert ist ein IQ über 130) mit Hochbegabung kritisieren. Ziegler (2007) führt zum Beispiel an, dass etliche spätere Nobelpreisträger wegen zu geringen IQs nicht in die endgültige Stichprobe hochbegabter Kinder aufgenommen wurden. Auf der anderen Seite waren hochintelligente Absolventen eines Colleges (IQ mindestens 140) im späteren Berufs- und Lebenserfolg keineswegs brillanter als weniger intelligente, sozial vergleichbare Studenten. In einer großen Längsschnittstudie der Intelligenzforschung, der *Scottish Mental Survey*, zeigte sich ebenfalls, dass der IQ weder in einem eindeutigen Zusammenhang mit dem Berufserfolg noch mit Leistungsexzellenz stand. „Die zuverlässigsten Prädiktoren für zukünftigen Erfolg waren im Kindesalter Selbstwert und Motivation" (Ziegler 2007, S. 118).

In jedem Fall macht die moderne Hochbegabtenforschung deutlich, welchen hohen Stellenwert der Förderung nicht nur kognitiver Variablen zukommt. Nun bleibt zu fragen, was Schule leisten sollte und müsste, um Begabungen – oder sagen wir neutraler und zeitgemäßer: Kompetenzen und Leistungsexzellenz – effektiv zu fördern. Dass dies in heutiger Zeit notwendig ist, darüber scheint sich ein gesellschaftlicher Konsens anzubahnen. Wenn wir die menschlichen Ressourcen unserer Gesellschaft maximieren wollen, müssen wir Bedingungen schaffen, unter denen jeder Einzelne ungeachtet seiner sozioökonomischen Herkunft die Chance erhält, sich selbst bis an die Grenzen seiner Möglichkeiten zu verwirklichen – diese Forderung wird von allen neuen Bildungsberichten unterstützt, die die bestehende weitgehende Kopplung von Bildung und Sozialschicht in Deutschland aufzeigen und auf die große „Risikogruppe" unter den Schulkindern hinweisen, die keine oder nur unzureichende Schulabschlüsse erreichen.

> Das Ziel: *alle* Potentiale optimal fördern

Die Frage bleibt jedoch bestehen, wie dies geschehen soll und welche Bedingungen verändert werden müssten, um eine größtmögliche Begabungsentfaltung in der Schulzeit möglich zu machen. Zunächst einmal erscheint es notwendig, die Prozesse zu untersuchen, die zum Kompetenzerwerb am nachhaltigsten beitragen – Lernprozesse selbst.

2 Erfolgreiches Lernen aus unterschiedlichen Perspektiven

Lernen ist nicht nur „pauken"

„Jetzt hab ich was gelernt!", sagen wir nach durchaus unterschiedlichen Erfahrungen und Anlässen, sei es, dass wir etwas Neues wissen oder können, plötzlich etwas Bekanntes mit ganz anderen Augen sehen oder anders einschätzen oder endlich „des Pudels Kern" erfasst haben. In der Regel machen wir hier sprachlich keinen Unterschied, um welche Art von Neuerwerb es sich handelt, ob es darum geht, dass wir wissen, wie die Hauptstädte Europas heißen, endlich die Prozentrechnung begriffen haben, Auto fahren können oder ob wir gelernt haben, nicht mehr in bestimmte Fettnäpfchen zu treten oder anderen eine Freude zu machen.

Wir betrachten Lernprozesse zumeist dann als erfolgreich, wenn sich unsere neuen Verhaltensweisen als nützlich und relevant erweisen. Solches Lernen hat uns im Verlauf der Menschheitsgeschichte aus der Steinzeit ins Computerzeitalter gebracht. Es hat ermöglicht, uns den wechselnden Anforderungen unserer Umwelt anzupassen, ja mehr noch, sie in unserem Interesse zu beeinflussen. Lernen erschöpft sich nicht nur in Reaktionen. Unser gespeicherter Erfahrungsschatz ermöglicht auch Aktionen und Zukunftsplanungen. Vor allem die Möglichkeit, nicht nur in der Gegenwart angemessen zu handeln, sondern auch Konzepte zu entwerfen und „im Voraus zu denken", zeichnet die menschliche Spezies aus. Scherzhaft spricht man in diesem Zusammenhang von uns Menschen als „Lernriesen".

Im Alltagsgebrauch assoziieren wir mit dem Wort „lernen" häufig aber nur Schule und Ausbildung. Wir denken an Klassenzimmer, Einpauken eines Wissenskanons, von dem wir als Erwachsene bereits jede Menge wieder vergessen haben. Wir erinnern uns an bestimmte Stunden und Fächer, an Lehrerinnen und Lehrer, deren Bild uns noch lebendig vor Augen steht, an Episoden und Ereignisse, die uns Spaß oder auch Angst gemacht haben, an geliebte und ungeliebte Mitschüler. Dieses Kaleidoskop von Erinnerungen zeigt uns, dass sich die Lernerfahrungen unserer Schulzeit keineswegs auf die beabsichtigte „kognitive Wissenszufuhr" beschränkt haben. Erziehungswissenschaftler beschreiben daher zutreffend Lernen nicht nur als einen kognitiven, sondern auch als einen emotionalen und sozialen Prozess mit situativen Begleitfaktoren. Dass es sich dabei um einen individuell unterschiedlichen aktiv-konstruktiven Prozess handelt, widerspricht einer landläufigen Auffassung früherer Generationen, Wissen müsse nun mal in der Schule „eingetrichtert" werden.

Erkenntnisse der bekanntesten Lerntheorien

Erziehungswissenschaftler mussten sich lange Zeit auf die empirischen Ergebnisse der Lernpsychologie und anderer Wissenschaftsdisziplinen verlassen. In der bis 1960 vorwiegend geisteswissenschaftlich orientierten Pädagogik ging es im Schulbereich eher um Kriterien für die Auswahl von Lerninhalten und deren materialen und formalen Bildungsgehalt als um die Untersuchungen von Lernprozessen selbst.

In der Psychologie begann man allerdings schon vor mehr als hundert Jahren, Lern- und Gedächtnisprozesse empirisch zu untersuchen. Ebbinghaus stellte in Deutschland die ersten Gedächtniskurven auf. Watson erforschte in den USA, welche Reaktionen auf experimentell festgelegte Lernanreize erfolgten. Seine Reiz-Reaktionstheorie tierischen und menschlichen Lernens wurde später unter dem Namen „Behaviorismus" bekannt. Das Gehirn erhielt bei den Behavioristen den Status einer „black box". Zu bedenken ist, dass es in dieser Zeit noch keine Möglichkeiten gab, dem lebenden Gehirn bei der Arbeit zuzuschauen. Die Behavioristen hielten sich streng wissenschaftlich nur an beobachtbares Verhalten. Auf Watson geht folgender Ausspruch zurück, der das Menschenbild der Behavioristen und ihr Verständnis von Lernen gut charakterisiert (zitiert nach Roth 1975, S. 195):

„Man gebe mir ein Dutzend gesunde, gut gebaute Kinder und meine besondere Welt; dann garantiere ich, aus jedem nach Wahl irgendeinen Spezialisten zu machen: Arzt, Rechtsanwalt, Künstler, Kaufmann, ja sogar Bettler und Dieb, ohne Rücksicht auf die Talente, Eigenheiten, Neigungen, Fähigkeiten, die Berufe und die Rasse seiner Vorfahren. Es gibt nicht so etwas wie eine Vererbung der Leistungsfähigkeit, des Talents, des Temperaments, der geistigen Konstitution und der Charaktereigenschaften."

Thorndike wurde der Entdecker des „law of effect". Er hatte beobachtet, dass Verhaltensweisen – gleichgültig ob intendiert oder durch Versuch und Irrtum zustande gekommen – durch Erfolg verstärkt werden und in der Folge häufiger auftreten. Dieses sogenannte Verstärkungslernen wurde von Skinner weitererforscht. Er fand heraus, dass sich durch das operante Konditionieren – wie er es nannte – sogar Verhaltensweisen erzeugen lassen, die völlig neu sind und nicht dem üblichen Verhaltensrepertoire entsprechen. So kann Hunden artfremdes Verhalten wie „Männchen machen" oder „Pfötchen geben" antrainiert werden. Nach Aussagen Skinners wird alles gelernt, was Bestätigung und Verstärkung erfährt.

Behaviorismus: Lernen durch Konditionierung

Neben den Amerikanern genoss der Sowjetrusse Pawlow große Popularität. Der Entdecker des Lernens durch klassisches Konditionieren hatte ein weithin bekanntes Experiment durchgeführt. Er benutzte das natürliche Reflexverhalten von Hunden (Speichelfluss beim Anblick von Futter), um es mit einem anderen Reiz (einem gleichzeitig erklingenden Glockenton) zu verbinden. Nach wenigen Lerndurchgängen begann der Hund bereits beim Ertönen der Glocke zu speicheln. Auch im menschlichen Verhalten sprechen wir von einer solchen „klassischen Konditionierung", wenn wir, einmal von einem Mann mit kläffendem Hund bedroht, später bereits nur bei Hundegebell aus weiter Ferne mit gesträubten Nackenhaaren reagieren. Durch klassisches oder operantes Konditionieren entstandene Verhaltensweisen verfestigen sich durch häufige Anwendung zu Gewohnheiten und entsprechenden Gedankenmustern.

Die Nachfolger der Behavioristen hörten auf, das menschliche Gehirn als reine „black box" zu betrachten. Sie erkannten Bewusstsein, Sprache und Denken als „Vermittlungsprozesse" an. Ins Zentrum der Forschung rückten die inneren, nicht direkt beobachtbaren Prozesse der Wahrnehmung, Informationsverarbeitung und der Entscheidungsvorgänge erst bei den „Kognitivisten". Diese psychologische Richtung entstand zu Beginn der 1960er Jahre und ihre Protagonisten interessierten sich für die mentalen Prozesse, die zwischen der Wahrnehmung eines Reizes und der Reaktion eines Menschen auf diesen Reiz liegt. Der Anstoß zu dieser neuen Denkweise kam aus mehreren Richtungen. Etwa zeitgleich wurden die modernen Computer entwickelt und explizite Analogien zwischen Prozessen der Informationsverarbeitung im Computer und im menschlichen Gehirn hergestellt. Zum andern gaben sich Sprachforscher, allen voran der Linguist Chomsky, nicht mit der behavioristischen Erklärung der menschlichen Sprachentwicklung zufrieden. Chomsky sah vor allem die Kreativität, mit der jedes Vorschulkind bereits Sprache verwendet und neue Wendungen generiert, als durch Konditionierung nicht begründbar an. Andere Psychologen, wie zum Beispiel Lewin, betonten Einsicht und Verstehen als wesentliche Elemente des Lernprozesses.

Kognitivismus: Erforschung der Informationsverarbeitung

Die Kognitivisten entdeckten, dass menschliche Gehirne Informationen zunächst aktiv verarbeiten, bevor eine zumeist äußerlich beobachtbare Reaktion erfolgt. Es wurde für sie deutlich, dass es dabei nicht nur um die Aufnahme externaler Informationen ging, sondern dass diese mit bereits gespeicherten internalen Informationen abgeglichen wurden. Diese mentalen Prozesse wurden empirisch überprüfbar; damals noch nicht durch bildgebende Verfahren, sondern durch die Messung von Zeit, die Menschen brauchen, um von einem Reiz oder einer Absicht zu einer Aktion beziehungsweise Reaktion zu kommen, und auch durch die Genauigkeit oder Fehlerhaftigkeit bei der Handlungsausführung von Aufgaben. Mentale Pläne und Strategien, die die Verhaltensweisen bei Menschen steuern, blieben durch die Kognitivisten nicht länger hypothetische Annahmen, sondern wurden zu empirisch erforschbaren Phänomenen. Genau hier setzte später die Hirnforschung an. Mit der Entwicklung unterschiedlicher bildgebender Verfahren konnte das arbeitende Gehirn in Aktion beobachtet werden. Viele kognitivistische Annahmen wurden auf diese Weise sichtbar gemacht.

Gehen wir hier noch einmal auf das lernende Kind zurück. Der Biologe Piaget stellte durch Beobachtung in realen Lebenssituationen fest, dass jedes Kind in jeder Kultur vier Entwicklungsstufen des Denkens durchlaufen muss: Im Säuglings- und Kleinkindalter kann das Kind nur in Form einer motorischen Aktivität auf eine sensorische Reizung reagieren, sein Denken zeigt sich im Handeln. Im Kindergarten- und Vorschulalter kann es zunehmend komplette Handlungsabläufe speichern und sie aus der Vorstellung im Rollenspiel nachahmen. Im Grundschulalter werden konkrete Denkoperationen möglich, weil das Kind mehrere Dimensionen einer Situation beachten kann und zudem aufgrund logischer Schlüsse – unabhängig vom Augenschein – urteilen lernt. Erst im Jugendalter entsteht dann die Fähigkeit, Probleme vollkommen auf hypothetischer Ebene zu lösen. Nach Piaget haben vier Faktoren einen Einfluss auf die

Entwicklungspsychologie: Lernen durch Adaption

kognitive Entwicklung des Kindes: die Reifung, aktive Erfahrungen, soziale Interaktionen und ein Streben nach Gleichgewicht bei der Adaption an die Umwelt. Grundbaustein menschlichen Wissenserwerbs sind erlernte Schemata: Handlungsschemata (für Laufen, Werfen und so weiter) und kognitive Schemata (zum Beispiel für Nahrung und internalisierte Denkmuster). Diese entwickeln sich durch zunehmende Auseinandersetzung mit der Umwelt – das Kind lernt, wie es auf einen bestimmten Reiz erfolgreich reagieren kann. Vor eine unbekannte aktuelle Situation gestellt, kann es entweder neue Erfahrungen in ein bekanntes Schema integrieren (es lernt beispielsweise, dass man eine Birne ebenso essen kann wie einen Apfel) oder es muss sein Schema erweitern (wenn es etwa feststellt, dass man an einem Spielzeug zwar saugen kann, es aber nicht zur Nahrung taugt).

Handlungsschemata, Strategien, Konzepte und internalisierte Denkmuster können damit als gemeinsamer Gegenstand des Forschungsinteresses von Kognitivisten und Entwicklungspsychologen bezeichnet werden, wenn auch unter unterschiedlichen Perspektiven. Lernen wird in beiden Fällen als eigenaktiver Prozess des Kindes verstanden, wobei eine gewisse Problemlösefähigkeit neuen Situationen gegenüber als weitgehend angeboren oder früh entwickelt gelten kann. Die erfolgreiche Auseinandersetzung mit der Umwelt, ihre Adaption und die emotionale und soziale Unterstützung durch Bezugspersonen entscheiden darüber, ob sich intelligentes Anfangsverhalten zu einem permanenten explorativen Vorgehen und produktiven Denken entwickelt oder in niederen Stufen des Lernens nach dem Reiz-Reaktionsmuster steckenbleibt.

Eine weitere Erklärung für kindliches Lernen lieferte Bandura in den 1970er Jahren. Er bezeichnete die Form des Lernens, bei der durch Beobachtung und Nachahmung des Verhaltens anderer Menschen neue Reaktionen erworben werden, als Modelllernen. Bandura stellte jedoch fest, dass beobachtetes Verhalten nur dann imitiert wurde, wenn die jeweiligen Modellpersonen für die Beobachtenden wichtig waren oder für ihr Verhalten belohnt wurden. Modelllernen funktioniert vor allem unbewusst, positive oder auch negative Verhaltensweisen werden auf diese Weise oft von Kindern und Jugendlichen übernommen, ohne dass Lehrende und Erziehende dies beabsichtigen. Bewusst wird Modelllernen in Schule und Ausbildung immer dann eingesetzt, wenn Lehrer oder Meister etwas demonstrieren und vorführen, was die Lernenden nachvollziehen sollen.

Modelllernen: Vorbild sind die Erfolgreichen

So weit einige der gängigen psychologischen Lerntheorien. Was uns die Neurowissenschaften über Lernen verraten, sollen die nächsten Kapitel beleuchten.

2.1 Lernen – neurowissenschaftlich betrachtet

Die 1990er Jahre des vergangenen Jahrhunderts wurden zur Dekade des Gehirns erklärt. Tatsächlich hatte in der Hirnforschung so etwas wie eine kleine Revolution in den Forschungsmethoden stattgefunden. Bildgebende Verfahren ermöglichten in den vergangenen zwei Jahrzehnten erstmalig einen Blick in das lebende und arbeitende Gehirn – auch bei und nach Lernvorgängen. Sie zeigen dem Betrachter, welche Hirnregionen gerade bei welchen Aktivitäten besonders gut durchblutet sind beziehungsweise einen erhöhten Stoffwechsel mit erhöhtem Sauerstoffverbrauch aufweisen. Vor dieser Zeit konnten Hirnforscher Erkenntnisse nur dadurch gewinnen, dass sie entweder tote Gehirne bei Menschen mit schweren Lernstörungen sezierten oder indem sie nach neurochirurgischen Eingriffen oder Unfällen, bei denen nachweislich bestimmte Hirnteile verletzt oder entfernt worden waren, Ausfälle beobachteten und daraus Rückschlüsse zogen. Aber außer den bereits seit vielen Jahrzehnten messbaren elektrischen Aktivitäten unseres Gehirns durch Elektroenzephalogramme (EEG) gab es sonst keine Möglichkeit, dem Gehirn „bei der Arbeit" zuzuschauen.

Durch zwei traditionelle Schwerpunkte wurde und wird die experimentelle und theoretische Hirnforschung stark beeinflusst:
▶ durch die Gehirnhypothese, also die Annahme, dass das Gehirn und seine Regionen Quelle aller unserer Verhaltensweisen ist;
▶ durch die Neuronenhypothese, der zufolge das Neuron als kleinste Einheit des Gehirns und seiner Funktionen anzusehen ist.

Beide Forschungsrichtungen haben unterschiedliche historische Wurzeln, verwenden andere Methoden und erbrachten nicht immer miteinander kompatible Ergebnisse. Neurowissenschaftler betonen zudem, dass noch weit mehr Fragen offenbleiben als bisher beantwortet werden konnten und dass wir mit der Erforschung des Gehirns und seiner Funktionsweise wie auch mit der molekularen Zellforschung auf vielen Gebieten erst ganz am Anfang stehen.

Aber auch wenn dem so ist, gibt es doch schon Ergebnisse, die sich sehen lassen können und die uns erlauben, zumindest die hochgradige Vernetztheit von emotionalen, sozialen und kognitiven Faktoren beim Lernen aus neurowissenschaftlicher Sicht zu erkennen, ebenso wie die Tatsache, dass Lernen ein individuell unterschiedlicher aktiv-konstruierender Prozess der Informationsverarbeitung und -speicherung ist und einen hohen Grad an nicht bewussten Vorgängen aufweist.

In den 1970er Jahren des vorigen Jahrhunderts wurden oft Analogien zwischen der Informationsverarbeitung von Computern und menschlichen Gehirnen gezogen. Frederic Vester sorgte mit seinem Buch und einer Fernsehserie zum Thema „Denken, Lernen und Vergessen" in jenen Jahren für Aufsehen. Er machte die Neurobiologie auch in Nicht-Fachkreisen populär und verglich damals unsere genetisch angelegten und durch frühkindliche Entwicklung entstandenen neuronalen Netze im Gehirn mit der Hardware, alle späteren Veränderungen durch die Umwelteinflüsse mit der Software eines Computers. Aber er sah auch schon deutlich, dass unser Gehirn zu weit mehr fähig ist, als zu bloßer Informationsverarbeitung und -speicherung. Heute bezeichnen einige Forscher das Gehirn eher als ein beeindruckendes „Deutungsinstrument" oder nennen es auch unser „Sozialorgan". Warum diese Ausdrücke ihre Berechtigung haben, soll im Laufe dieses Kapitels deutlich werden.

Unser Gehirn – etwas näher betrachtet

Zuvor sei allerdings für Nicht-Neurowissenschaftler ein kurzer Exkurs über Aufbau und Funktionsweise unseres Gehirns gestattet (siehe Abb. 1). Bei den meisten Nicht-Biologen dürfte beim Wort „Gehirn" das Bild des unter der Schädeldecke liegenden Großhirns mit seinen gewundenen Wölbungen und Furchen auftauchen, die dem Anblick eines vergrößerten Walnusskerns ähneln. Doch bei diesem Bild haben wir nur ein Drittel unserer Großhirnrinde vor Augen. Zwei Drittel sind unter den Windungen und Furchen verborgen. Es ist die Außenansicht der Region, deren relative Größe zum Körpergewicht uns von den Säugetieren unterscheidet. Unser Gehirn wiegt circa 1,3 bis 1,5 kg, mithin nur etwa 2 % unseres Körpergewichts. Es verbraucht aber mindestens 20 % unserer Energiezufuhr durch die Nahrungsaufnahme. Das Gehirn ist ein ununterbrochen tätiges Organ, das sich erstaunlicherweise nicht vorwiegend mit der Außenwahrnehmung beschäftigt, sondern ganz intensiv und hauptsächlich mit der Regelung des „Binnenverkehrs", zumeist sogar mit sich selbst. Seine kleinsten Bausteine sind viele Milliarden Neuronen und eine noch größere Anzahl von Gliazellen, die die Nervenzellen schützend ummantel.

Unser Großhirn überdeckt die darunterliegenden Regionen. Dazu zählen Stammhirn, Kleinhirn und Zwischenhirn. Das Stammhirn, das aus dem verlängerten Rückenmark, der Brücke und dem Mittelhirn besteht, sichert unter anderem unsere Überlebensfunktionen. Es regelt neben Hunger, Durst und Funktionen der Verdauung die Atmung, den Kreislauf und den Wärmehaushalt unseres Körpers. Die Brücke über-

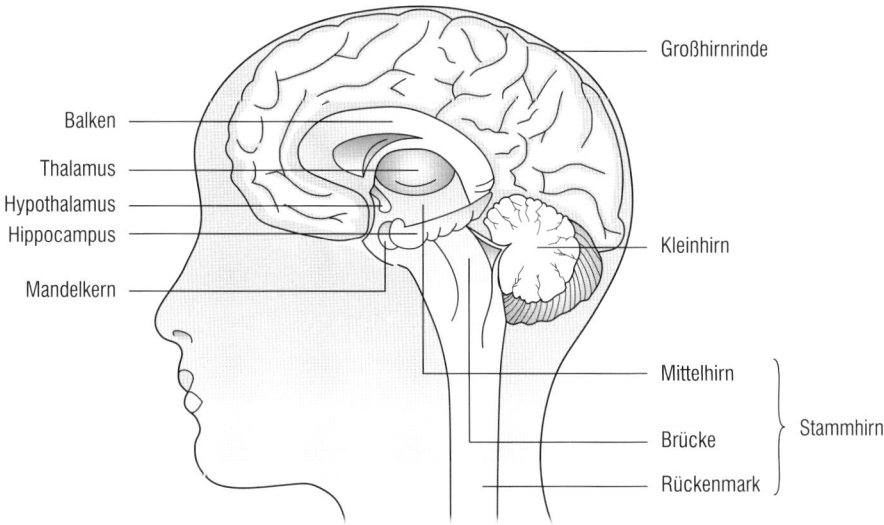

Abb. 1: Aufbau des menschlichen Gehirns

mittelt Informationen vom Großhirn zum Kleinhirn. Das angrenzende Kleinhirn reguliert gewollte und automatische Muskelbewegungen, ist also für das Einschleifen und Automatisieren von Bewegungsabläufen (etwa beim Schreiben) unerlässlich. Das Mittelhirn, das zwischen Brücke und Zwischenhirn liegt, ist für die Kontrolle sensorischer und motorischer Funktionen zuständig. Zentren des Mittelhirns, die mit der Brücke und dem Hirnstamm die retikuläre Formation bilden, kontrollieren Bewusstsein und Aufmerksamkeit. Im sogenannten Tectum sind visuelle, auditorische und somatosensorische Zentren enthalten. Im Zwischenhirn ist der Thalamus, der auch als „Tor zum Bewusstsein" oder als „Wächter des Gehirns" bezeichnet wird, eine wichtige Schaltstelle. Alle ankommenden Sinnesinformationen durchlaufen ihn, bevor sie ins Großhirn weitergeleitet werden. Der angrenzende Hypothalamus koordiniert die Regulierung unseres Hormonsystems und des vegetativen Nervensystems. In einer bedrohlichen Situation wird der Hypothalamus die Ausschüttung von Stresshormonen vorbereiten, die uns zu Flucht, Angriff oder Verteidigung befähigen.

Im limbischen System, das sich im Randgebiet zwischen Großhirn und Zwischenhirn befindet und seinen Namen (*limbus* = „Rand") dieser Lage verdankt, sind Mandelkern und Hippocampus von besonderer Bedeutung für das Thema „Lernen". Das limbische System hat eine enge Verbindung zum vegetativen Nervensystem und zum Großhirn. Der Hippocampus ist offensichtlich ein wichtiger Zwischenspeicher für unsere bewussten (expliziten) Gedächtnisinhalte.

Das limbische System

Der Mandelkern spielt eine zentrale Rolle für die Speicherung von Gefühlen. Er fungiert sozusagen als unser „Gefühlsgedächtnis" und ist sowohl mit dem Thalamus, dem Hypothalamus und dem Hippocampus als auch mit dem Großhirn eng vernetzt. Die Verbindungsbahnen in andere Hirnregionen verlaufen reziprok, er kann also sowohl Signale weitersenden wie auch zurückkommende Signale empfangen, verarbeiten und modifiziert wieder aussenden.

Etwas vereinfacht könnte man sagen, dass das limbische System uns hilft, uns aufgrund unserer bisherigen emotionalen Erfahrungen in der Welt zu orientieren.

Unser etwa faustgroßer Kortex ist in zwei Gehirnhälften unterteilt, die durch den Balken, ein dickes Nervenfaserbündel, miteinander vernetzt sind. Beide Hemisphären arbeiten unterschiedlich – so ist bei den meisten Rechtshändern die linke Gehirnhälfte eher bei Sprache, logischen Problemlösungen, mathematischen Formeln, sequentiellem und analytischem Vorgehen aktiv, während die rechte bei Formen und Mustern, Vorstellungen und Bildern, Rhythmus und Musik stärker arbeitet und unterschiedliche Informationseinheiten gleichzeitig miteinander verknüpft. Allerdings gibt es einen regen Informationsaustausch über den Balken, der beide Hemisphären verbindet. Auf diese Weise kann jede Gehirnhälfte zunächst ihren eigenen Typ von Input auf ihre Art analysieren und dann die so gewonnenen Informationen mit denen der anderen vernetzen. Zwei Datenströme werden auf diese Weise integriert und erlauben eine ausbalancierte und vollere Perspektive.

Die beiden Gehirnhälften

2.1 Lernen – neurowissenschaftlich betrachtet

Mediziner teilen die Großhirnrinde zudem in vier Regionen auf, die auch als Hirnlappen bezeichnet werden: Der Frontallappen liegt hinter unserer Stirn, der Scheitellappen unter der oberen Schädeldecke, die Schläfenlappen hinter unseren Schläfen und der Hinterhauptslappen im Hinterkopf. Im Hinterhauptslappen werden unsere visuellen Sinneswahrnehmungen in Bezug auf Form, Farbe und Bewegung weiterverarbeitet, die Schläfenlappen analysieren vorwiegend auditorische, die Scheitellappen regeln überwiegend somatosensorische Informationen. Wichtig zu wissen ist, dass in diesen Lappen Sinneseindrücke nicht nur in sogenannten primären Regionen verarbeitet werden, sondern auch in sekundären und tertiären (den „Assoziationsfeldern") mit anderen Sinneseindrücken vernetzt werden. Bekannt ist hier zum Beispiel der Gyrus angularis, in dem Seh- und Höreindrücke miteinander vernetzt werden. Um komplexe Handlungen wie Lesen und Schreiben ausführen zu können, werden neuronale Netze aus verschiedenen Hirnarealen untereinander verschaltet. Welche Areale zum Beispiel beim Lesen beteiligt sind, zeigt die unten stehende Abbildung. Man sieht, dass nicht nur visuelle, sondern auch auditorische und motorische primäre, sekundäre und tertiäre Regionen im Leseschaltkreis aktiv werden müssen, ebenso Teile des Frontallappens. Begriffe und Handlungsschemata, die wir bisher erworben haben, sind dort gespeichert. Kolb/Whishaw (1996, S. 279) fassen den Sachverhalt so zusammen:

Das Großhirn: Vernetzung von Sinneseindrücken

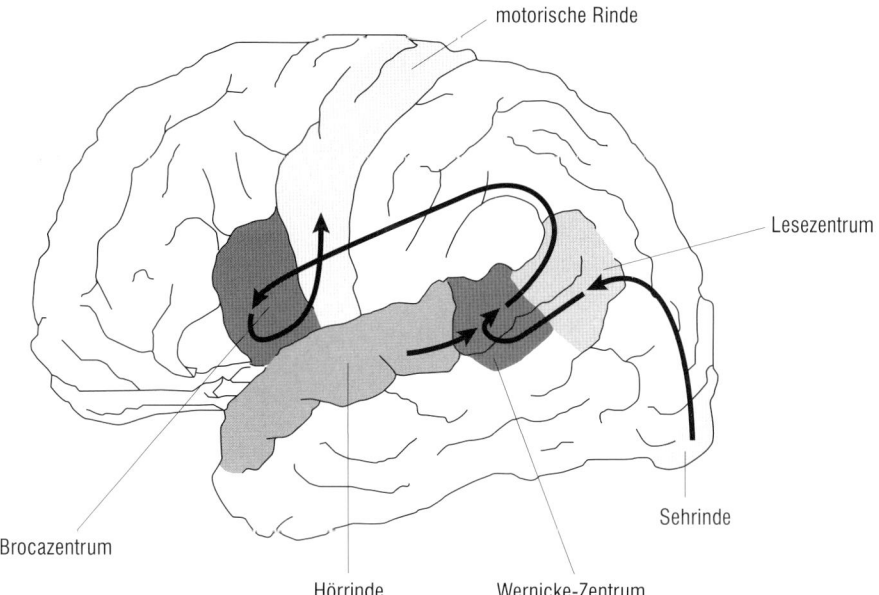

Abb. 2: Schaltkreis im Gehirn für das Lesen eines Wortes

„Der Frontallappen kann als Zielstruktur der räumlichen und Objekterkennungsfunktionen [...] verstanden werden. Die Funktion des Frontallappens bei diesen Vorgängen ist es, im Hinblick auf den Kontext und auf internes Wissen Verhaltensweisen auszuwählen. Man kann den Frontallappen in drei separate funktionale Zonen unterteilen: den motorischen, den prämotorischen und den präfrontalen Cortex. Der motorische Cortex ist für die Ausführung von Bewegungen zuständig, der prämotorische Cortex wählt die Bewegungen aus. Der präfrontale Cortex kontrolliert kognitive Prozesse [...]."

Machen wir uns das Ganze an einem Beispiel klar: Schwimmt ein geübter Erwachsener im Meer, so steuert der motorische Cortex letztendlich die reinen Schwimmbewegungen. Das kann er aber nur, weil der prämotorische Cortex den Bewegungsablauf, etwa das Zusammenspiel der Arme und Beine, bereits gespeichert hat. Der präfrontale Cortex überprüft jeweils, ob die Schwimmbewegung der aktuellen Situation, zum Beispiel der Richtung und Stärke der Wellen und der jeweiligen Entfernung vom Land angemessen ist. Wie sich Lernprozesse in unserem Gehirn abspielen, kann aber erst verstanden werden, wenn man Aufbau und Funktion unserer Neuronen und neuronalen Netze kennt.

Zur Arbeit der „kleinen grauen Zellen"

Bei unserer Geburt sind wir alle Milliardäre – allerdings betrifft diese frohe Nachricht nur die Anzahl der kleinen Bausteine unseres Gehirns, unsere Nervenzellen. Das menschliche Gehirn enthält viele Milliarden davon. Könnten wir sie alle aneinander befestigen, so würden die Neuronen eines einzigen menschlichen Gehirns von der

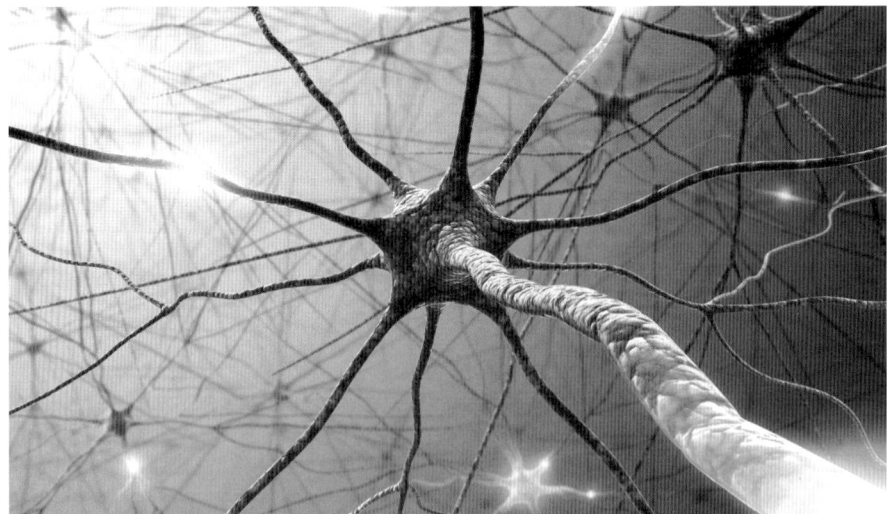

Abb. 3: Nervenzelle mit Dendriten, Axon und Schaltstellen
© ktsdesign – Fotolia.com

Erde bis zum Mond reichen. Sie sind aber im Gehirn auf engstem Raum miteinander vernetzt und Aufnahmen zeigen uns die Zellkerne als „kleine graue Zellen" (siehe Abb. 3). Die faserförmigen Verästelungen, die von den Zellkernen ausgehen, sind dagegen wie die Drähte eines elektrischen Stromkabels weiß ummantelt – man nennt das auch „myelenisiert". Sie lassen sich in Sende- und Empfängerfasern unterscheiden, in der Fachsprache Axone und Dendriten genannt.

Sender einer Zelle und Empfänger einer anderen können sich jedoch nicht völlig miteinander verbinden. Zwischen ihnen bleibt ein winziger Spalt. Wird eine Nervenzelle nun durch einen Reiz elektrisch erregt, so gelangt das Aktionspotential im Axon bis zu dessen Endpunkt, an dem sich knöpfchenähnliche kleine Synapsen befinden (siehe Abb. 4). Die Geschwindigkeit der elektrischen Weiterleitung bis zu den Endpunkten eines Neurons hängt sowohl von der Länge eines Axons als auch von der Dicke seiner weißen Schutzschicht ab. Die eigentliche Übertragung der Erregung zur nächsten Zelle kann aber nicht elektrisch erfolgen, der synaptische Spalt kann nur auf chemischem Wege überbrückt werden. Wie muss man sich das vorstellen? In den Synapsen werden durch die elektrische Erregung chemische Botenstoffe freigesetzt, die den Spalt zu den Empfängerfasern überwinden. Diese Transmitter können auf die Rezeptoren der angrenzenden Synapsen erregend oder auch hemmend wirken. Auf diese Weise entscheidet sich, ob Aktionspotential von einer Zelle zur nächsten weitergeleitet werden kann.

Nervenzellen und ihre Schaltstellen

Um Wirkung zu erzeugen, reicht aber die Übertragung zwischen nur zwei Nervenzellen allein in der Regel nicht aus. Dazu sind mehrere nacheinandergeschaltete Nervenzellen notwendig. Werden beim Denken, Lernen und Sich-Erinnern bestimmte neuronale Netzwerke häufig genutzt, werden die Verbindungen zwischen den ein-

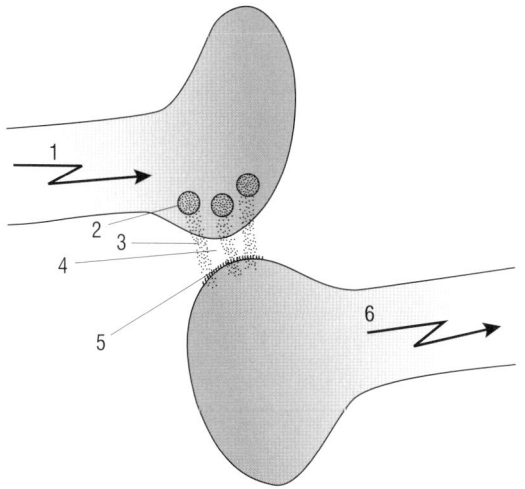

1 Präsynaptisches elektrisches Signal
2 Transmitterbläschen (Vesikel)
3 Neurotransmitter
4 Synaptischer Spalt
5 Rezeptoren für den Neurotransmitter
6 Durch die Wechselwirkung von Neurotransmitter und Rezeptor entstandenes postsynaptisches elektrisches Signal

Abb. 4: Weiterleitung von Erregungsimpulsen in den Synapsen

zelnen Nervenzellen immer schneller und effektiver. Entweder vermehren sich durch häufige Nutzung die Synapsen oder aber die Vesikel, kleine Bläschen im Inneren der Synapsen, die dann mehr Botenstoffe herstellen. Auf diese Weise werden Gedanken und Verhaltensweisen „gebahnt" und eingeübt. Im anglo-amerikanischen Sprachraum sagt man: „Neurons that fire together, wire together." Allerdings heißt es dort auch: „Use it or lose it!" Das heißt, bei lange nicht mehr genutzten Neuronen können Synapsen wieder verkümmern.

Unser Gehirn ist bestrebt, neue Informationen mit alten zu verbinden. Es dockt sozusagen neues Wissen an bekanntes an. Dann erweitert sich das bisherige neuronale Netz. Menschliche Gehirne zeichnen sich dadurch aus, dass sie zum Zeitpunkt der Geburt nur rudimentär vernetzt sind. Das eröffnet Menschen die Möglichkeit, sich weitgehend an jedwede Umwelt anzupassen. Säugetiere, die mit einem fast fertig programmierten Gehirn auf die Welt kommen, können dies kaum. Gerade das „unfertige" Gehirn machte uns Menschen zu „Lernriesen". Es hat uns im Laufe der Evolution ermöglicht, dass wir uns an die unterschiedlichsten Lebensräume unserer Erde von der Wüste bis zu den Polargebieten anpassen konnten. Abbildung 5 zeigt, wie stark sich die Vernetzungen in unseren ersten Monaten und Jahren ausbilden.

Lernen heißt: neuronale Netze verändern sich

Allerdings sind wir nicht nur in den ersten Lebenswochen und Monaten stark auf die Fürsorge der menschlichen Gemeinschaft, in die wir hineingeboren werden, angewiesen, sondern bleiben das über Jahre. Viele Dinge müssen und können wir nur durch andere Menschen erlernen: den aufrechten Gang, die Sprache, soziales Verhalten zum Beispiel. Unsere Offenheit für die vielen Lernmöglichkeiten im Säuglings- und Kleinkindalter spiegelt sich in der Anzahl der Synapsen wider, die sich in den ersten Lebensmonaten sprunghaft vermehren und bereits im Alter von 1 bis zu 3 Jahren den Höchststand in unserem Leben erreicht haben (siehe Abb. 6). Danach nimmt ihre Zahl wieder ab, ein Zeichen dafür, dass wir nicht mehr für alle Reize offen sind, sondern bestimmte bereits erlernte Bahnen bevorzugen.

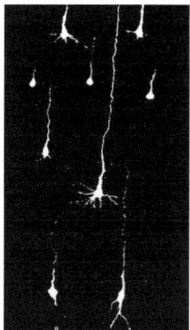 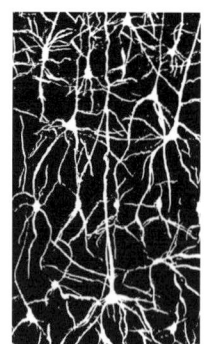 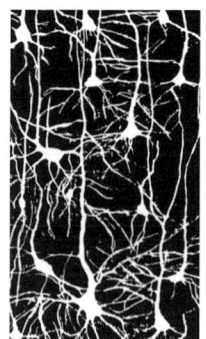 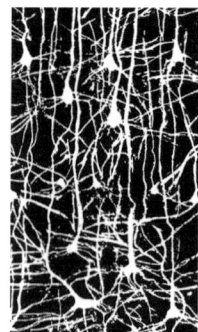

Abb. 5: Nervenvernetzung beim Menschen nach der Geburt, nach 3 Monaten, nach 15 Monaten und nach 3 Jahren (Schnitt durch die Großhirnrinde, nach Jesse LeRoy Conel)   Quelle: Vester (2001), S. 38f.

2.1 Lernen – neurowissenschaftlich betrachtet

Das Prinzip der Neuroplastizität bleibt uns ein Leben lang erhalten. Es gibt zwar optimale Zeitfenster für bestimmte Entwicklungen und besonders schnelles Lernen, trotzdem ist die Lernfähigkeit bis ins hohe Alter gegeben. Nach wie vor können neue Synapsen sprießen, wenn wir etwas erfolgreich gelernt haben. Zur Verstärkung synaptischer Verbindungen zwischen Nervenzellen, der sogenannten Langzeitpotenzierung, können zum Teil Sekunden genügen. Dies ist bei besonders einprägsamen Erfahrungen der Fall: Wie oft müssen Sie sich mit nackten Beinen in die Brennnesseln setzen oder kochend heißes Wasser schlucken? Bei nicht so einprägsamen Inhalten sind in der Regel Minuten, Stunden, oft sogar Monate und Jahre nötig, bis wir etwas erlernt haben. Neu Gelerntes muss wieder und wieder in die Praxis umgesetzt werden, bevor sich nach Tagen neue Synapsen, nach Monaten oder Jahren eine Veränderung der neuronalen Repräsentationen in unseren kortikalen Regionen zeigt. Der sogenannte Homunculus (siehe Abb. 7, S. 28) repräsentiert die am häufigsten genutzten sensorischen Regionen im menschlichen Gehirn.

Lernerfahrungen und Lernzuwachs

Es konnte inzwischen nachgewiesen werden, dass sich durch häufigen Gebrauch und Anwendung eines bestimmten Wissens und Könnens diese Regionen von wenigen Millimetern bis zu einem Zentimeter verändern können (vgl. Spitzer 2002, S. 95). Spitzer führt zum Beispiel an, dass bei Gitarren- und Geigenspielern mehr Platz für die Repräsentationen der Finger der linken Hand im Scheitellappen da ist (Spitzer 2002, S. 119). Ebenso hat man bemerkt, dass die Repräsentation des Daumens bei Kindern und Jugendlichen, die oft nur beide Daumen für das Schreiben von SMS auf ihren Handys benutzen, größer ist als bei älteren Erwachsenen, die das nicht tun.

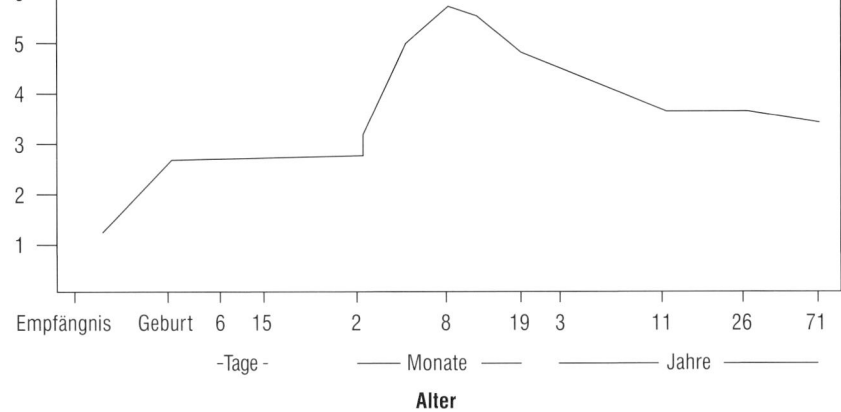

Abb. 6: Entwicklung der Synapsenanzahl beim Menschen

2 Erfolgreiches Lernen aus unterschiedlichen Perspektiven

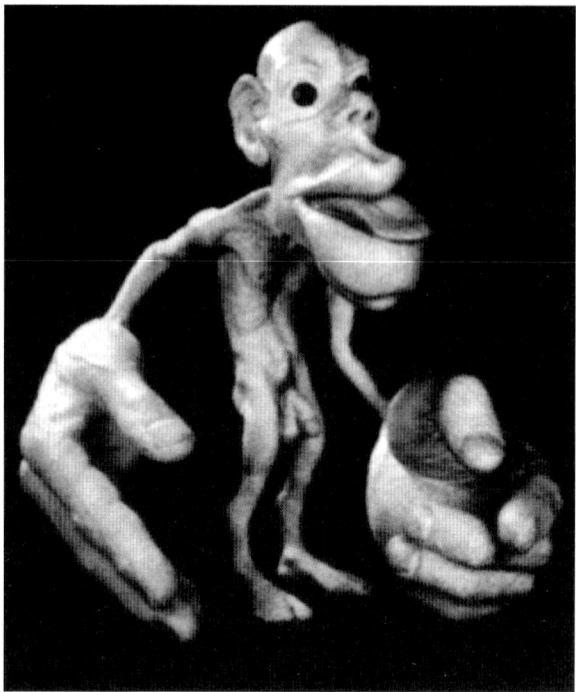

Abb. 7: Der männliche Körper in den für das Hirn wahrnehmbaren Dimensionen
Tor Nørretranders: *Spüre die Welt. Die Wissenschaft des Bewusstseins*, deutsche Übersetzung von Alken Bruns, Copyright © 1994 by Rowohlt Verlag GmbH, Reinbek bei Hamburg

Das Ergebnis von Lernen und häufigem Training ist also in der heutigen Zeit auch im Gehirn nachweisbar geworden.

Unsere Gedächtnissysteme: Wie wir Gelerntes speichern

Wissenschaftler werden nicht müde zu betonen, wie wenig uns bisher über die menschliche Gedächtnisbildung bekannt ist und wie viel weiterhin im Dunkel liegt. Über einige Sachverhalte ist man sich jedoch weitgehend einig.

Forscher unterscheiden grundsätzlich zwischen verschiedenen Gedächtnissystemen, Kolb/Whishaw (1996) bezeichnen sie als explizites und implizites Gedächtnis:

- Explizite Gedächtnisinhalte, von anderen Wissenschaftlern auch als „deklaratives Gedächtnis" bezeichnet, sind uns weitgehend bewusst. Zu diesem System zählt: das semantische Gedächtnis (es speichert Fakten und Wortbedeutungen, zum Beispiel „2 × 2 = 4", „Rom ist die Hauptstadt Italiens"), das episodische Gedächtnis (es speichert unsere emotionalen Erinnerungen an Situationen unseres Lebens und Kontexte, in denen wir etwas gelernt haben) und das Bekanntheitsgedächtnis (es speichert alle bereits bekannten Muster zum Beispiel Wortbilder, Gesichter, Objektschemata).

▸ Unser implizites Gedächtnis, oft auch als „prozedurales Gedächtnis" bezeichnet, speichert alle erlernten Fähigkeiten und Fertigkeiten, vor allem im motorischen und Verhaltensbereich. Es stellt uns Wissen und Können nach entsprechender Übung unmittelbar und unbewusst zur Verfügung.

Bis zu dieser Art von Wissen und Können sind in der Regel viele Fehlversuche und eine Abfolge von Teilschritten erfolgreich bewältigt worden, wie beim Laufen- und Sprechenlernen. Sobald die ganze Prozedur aber durch Übung genügend verinnerlicht worden ist, automatisieren sich die Abläufe und wir beherrschen sie „wie im Schlaf". Wir können sie dann mühelos abrufen, ohne darüber nachdenken zu müssen. Antworten, die wie aus der Pistole geschossen kommen, Bewegungen, die keinerlei Überlegungen mehr erfordern, verraten, dass hier unser implizites Gedächtnis am Werk ist. Diese Automatisierung hat für das Lernen einen enormen Vorteil. In der Regel sind wir nämlich nicht in der Lage, zwei bewusste Lernvorgänge gleichzeitig zu bewältigen. Versuchen Sie an dieser Stelle einmal, gleichzeitig die Zahlen von 990 bis 1000 laut aufzuzählen und dabei in umgekehrter Reihenfolge aufzuschreiben. Wenn es Ihnen – zumindest am Anfang – Mühe bereitet, die Zahlen 990, 991 zu sagen und 1000, 999 gleichzeitig aufzuschreiben, so geht es Ihnen wie den meisten Menschen. Dies spielt auch in der Schule eine erhebliche Rolle. Kinder können sich zum Beispiel im Schriftspracherwerb nur erfolgreich einer höheren Schwierigkeitsstufe zuwenden, wenn die zugrunde liegende Kompetenz bereits befriedigend und unbewusst beherrscht wird (vgl. Rüdell 2008). Beim Lesen „verwürfelter" Wörter haben Sie sicher gute Karten, da Ihnen Wortbilder unbewusst so vertraut sind, dass sie mit dem folgenden Text keine Probleme haben werden – oder

Vorteile automatisierten Wissens

WSEIO KNÖNEN SEI DEIESN STAZ LSEEN, OWHOBL DIE BCUTHSAEBN NCHIT IN DER RITHCIEGN RIEHNEFOGLE SHETEN?

Wir speichern aber nicht nur Wissensinhalte ab, sondern auch die zu den Lernerfahrungen gehörenden situativen und gefühlsmäßigen Kontexte. Unsere Gefühle und Emotionen sind in unserem episodischen Gedächtnis verankert und uns teils bewusst, teils unbewusst zugänglich. Leider werden negative Kontexte, die Gefühle von Schmerz, Angst, Hilflosigkeit und Kontrollverlust auslösen, besonders gut gespeichert. Im limbischen System sorgt der Mandelkern dafür, dass wir so etwas nicht vergessen. Für unser physisches und soziales Überleben ist es offensichtlich extrem wichtig, dass wir bedrohliche Situationen schnell wiedererkennen und – wenn möglich – vermeiden können. Keiner von uns würde zwei Mal freiwillig eine heiße Herdplatte berühren. Durch die gegebene enge Vernetzung von expliziten und impliziten Gedächtnisinhalten mit emotionalen beim Abruf von Erinnerungen, ist es uns so gut wie unmöglich, Sach- und Beziehungsebene wirklich zu trennen. Dies muss uns allerdings nicht immer bewusst werden.

Sachwissen und Gefühle werden vernetzt abgerufen

Forscher unterscheiden aber nicht nur die oben beschriebenen Gedächtnissysteme, sondern differenzieren auch noch nach der Länge der Speicherung von Gedächtnisinhalten. Traditionell unterscheidet man 4 Speicherstufen: Neben der subliminalen Speicherung sind besonders das Ultrakurzzeit-, Kurzzeit- und Langzeitgedächtnis bekannt. Zur genaueren Beschreibung des Kurzzeitgedächtnisses wurde außerdem der Begriff des „Arbeitsgedächtnisses" eingeführt.

Die Speicherstufen des Gedächtnisses

Subliminale Wahrnehmungen sind Reize, die zeitlich zu kurz dargeboten werden, um wahrgenommen zu werden. Sie lösen zwar nachweisbar Gehirnaktivitäten aus, werden uns aber nicht bewusst. Trotzdem reagieren Personen auf Gegenstände, die ihnen derart kurz erstmalig präsentiert wurden, beim zweiten Mal mit einem gewissen Grad an Vertrautheit. Dieser Bereich der subliminalen Wahrnehmung war in den 1960er Jahren ein spannendes Forschungsgebiet der Psychologie und ein öffentlich sehr umstrittenes dazu, weil Werbefirmen sich dafür einsetzten, Spots sozusagen für die Kunden unmerklich im Fernsehen einzusetzen. Ethische Fragen blockierten viele Jahre die weitere Erforschung von subliminalen Wahrnehmungen.

Unser sogenanntes *Ultrakurzzeitgedächtnis* kann nur wenige Sekunden speichern, was geschieht. Wir können uns aber nur erinnern, wenn unmittelbar danach das Erfahrene abgefragt, das heißt zur Sprache und ins Bewusstsein gebracht wird. So können sich nach Vester (2001) Fußballspieler nur unmittelbar nach einem Foul genau an den Hergang erinnern, werden sie in diesem Zeitraum nicht gefragt, ist der genaue Hergang vergessen.

Unser *Kurzzeitgedächtnis* kann bis zu 4 Minuten speichern, ist aber, ebenso wie das Ultrakurzzeitgedächtnis, störbar durch Zusatzwahrnehmungen. Fehlen Aufmerksamkeit oder Interesse für die dargebotenen Informationen, so rauscht alles vorbei, nichts wird gespeichert.

Sowohl Ultrakurzzeit- wie Kurzzeitgedächtnis sind durch Elektroschocks auslöschbar, was dafür spricht, dass die Speicherung durch das Kreisen elektrischer Ströme hervorgerufen wird.

Hier eine leichte Gedächtnisübung für Sie: Schauen Sie sich für 20 Sekunden die erste Buchstaben- und Zahlenfolge an:

krstvqpndbw3

Schreiben Sie in den nächsten 20 Sekunden auf, was Sie behalten haben. Trösten Sie sich, wenn Sie nicht alles behalten haben. Unser Kurzzeitgedächtnis hat eine begrenzte Speicherkapazität. Es kann in der Regel, wie Miller (1956) herausgefunden hat, 7 ± 2 Informationseinheiten „online" halten, Miller sprach von „magic seven".

Schauen Sie sich nun für 20 Sekunden die nächste, etwas längere Buchstaben- und Zahlenfolge an und notieren Sie nach 20 Sekunden, was Sie behalten haben.

ardzdfrtlsat1pro7wdrarte

Ist Ihnen die zweite Folge als Fernsehzuschauer besser im Gedächtnis geblieben als die erste? Dann konnten Sie Ihre Kenntnis von Fernsehsendern benutzen, um alle 7 Informationseinheiten zu behalten. Größere Behaltensleistungen lassen sich nämlich dadurch erreichen, dass man die einzelnen Informationseinheiten selbst vergrößert, was im Englischen als „chunking up" bezeichnet wird.

Überprüfen Sie, ob das zutrifft! Verfahren Sie mit der nächsten, wirklich langen Buchstabenfolge ebenso wie bei den ersten beiden Übungen:

   Ruhrtalschifffahrtsgesellschaftsdampferanlegestelle

Wie Sie bemerken konnten, speichert unser *Langzeitgedächtnis* vertraute Wortbausteine oder Wörter als ganze Informationseinheiten. Das Langzeitgedächtnis ist nicht durch Elektroschocks auslöschbar und speichert scheinbar unbegrenzt. Wie das letztendlich geschieht, ist noch nicht wissenschaftlich eindeutig geklärt. Es ist die Gedächtnisstufe, die ideales Ziel aller schulischen Lernprozesse ist, aber die beileibe nicht immer erreicht wird. Oder könnten Sie heute noch aus dem Stand Ihre Mathematikaufgaben aus der Oberstufe lösen? Welch wichtige Rolle das Langzeitgedächtnis für das Kurzzeitgedächtnis spielt, ist vielleicht durch die obigen „Chunking-up"-Übungen deutlich geworden.

Unsere von Baddely (1992) als *Arbeitsgedächtnis* (working memory) bezeichnete kurzfristige Speicher- und Abruffähigkeit verbindet das Kurzzeitgedächtnis mit dem Langzeitgedächtnis. Die „Arbeit" des Kurzzeitgedächtnisses besteht darin, aktuelle Informationen möglichst so lange „online" zu halten, bis ein Abgleich dieser Informationen mit den Inhalten des Langzeitgedächtnisses erfolgt ist. Unser Gehirn überprüft, ob das aktuell Wahrgenommene bereits bekannt ist und welche Bezüge zum vorhandenen kognitiven, emotionalen und sozialen Wissen hergestellt werden können.

Dazu gibt es erste Modellvorstellungen, wie dies in unserem Gehirn vor sich gehen könnte (vgl. Wellenreuther 2009, S. 10–14). Kail (1992) hat in seinem Buch *Gedächtnisentwicklung bei Kindern* eine gängige Modellvorstellung der Psychologie übernommen, die beschreibt, wie Wissen im Langzeitgedächtnis verankert sein könnte. Danach ist menschliches Wissen als Netzwerk strukturiert, in dem ähnliche Inhalte miteinander assoziiert sind. Abbildung 8 (S. 32) zeigt, dass dieses Wissen aus miteinander verknüpften Inhalten (grafisch als Ellipsen dargestellt) besteht. Diese „Wissensknoten" ermöglichen verschiedenartige Assoziationen: *Istein*-Verbindungen bedeuten Kategorienzugehörigkeit; *kann* und *hat* führen zu Eigenschaften des Knotens; *siehtauswie* weist auf das mentale Bild hin, das mit dem Knoten assoziiert ist (Kail 1992, S. 60).

> Unser Wissensnetzwerk – ein Modell

Chunking up würde in dem im abgebildeten Schaubild gezeigtem Beispiel bedeuten, dass man zu *Dackel* und *Dalmatiner* bereits den Oberbegriff *Hund* bilden kann. Wichtig ist, dass bereits viele Erfahrungen mit einzelnen Exemplaren einer Gattung gemacht worden sein müssen, um die Eigenschaften daraus zu isolieren, die den

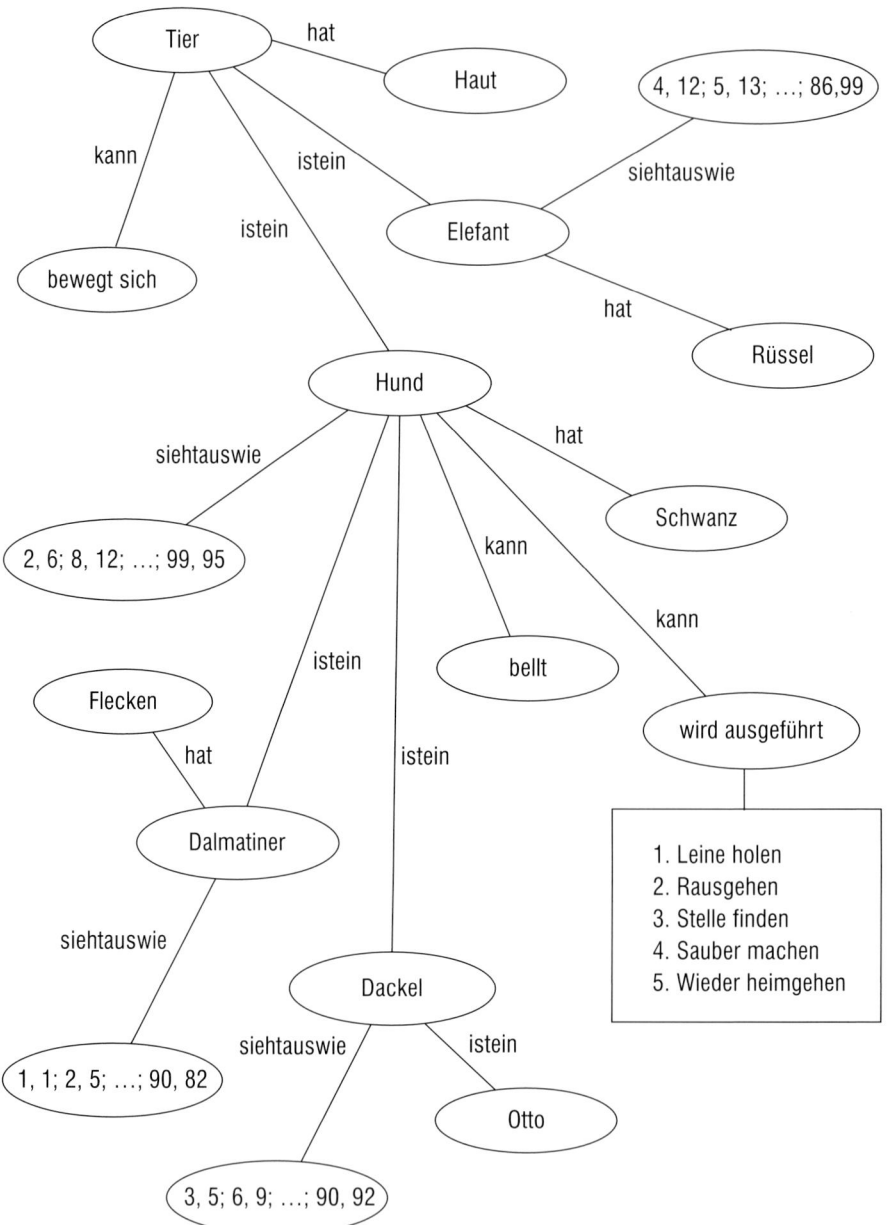

Abb. 8: Wissensvernetzung am Beispiel „Hund"
Quelle: Robert Kail: *Gedächtnisentwicklung bei Kindern*, Spektrum Akademischer Verlag, 1992

„durchschnittlichen" oder prototypischen Hund definieren (vgl. Kail 1992, S. 60). Unser Gehirn braucht – anders ausgedrückt – viele Einzelerfahrungen, um Oberbegriffe oder Regeln zu finden, es arbeitet in diesem Sinne „bottom up" und nicht „top down", also von unten nach oben, nicht umgekehrt.

Natürlich hat man sich lange gefragt, nicht nur wie und wo unsere Gedächtnisinhalte gespeichert sind, sondern auch, wie sich eine mentale Repräsentation im Gehirn von realen Erfahrungen unterscheidet. Sind dieselben Hirnregionen, die zum Beispiel Bewegungen erzeugen, auch für nur vorgestellte Bewegungsabläufe zuständig? Oder sind andere Regionen und Strukturen an der Vorstellungsgenerierung beteiligt? Durch Versuche, bei denen man die cerebrale Blutzufuhr bei realen und nur imaginierten Bewegungen mittels bildgebender Verfahren kontrollierte, konnte man feststellen, welche Hirnregionen jeweils tätig waren. Die Ergebnisse legten Folgendes nahe: Reale Bewegungen erzeugen zunächst in den dafür zuständigen primären, dann den sekundären und tertiären Verarbeitungsregionen vermehrte Blutzufuhr. Der Prozess verläuft „bottom up". Imaginationen erzeugen auf dem umgekehrten Weg in denselben Hirnstrukturen vermehrte Blutzufuhr, hier verläuft der Prozess „top down". Übergeordnete Areale aktivieren die untergeordneten. Kolb/Whishaw (1996) ziehen daraus den Schluss, dass viel dafür spricht, dass jedes Gehirnsystem für drei Funktionen verantwortlich ist: für die Aktivität selbst, für die Vorstellung davon und auch die Erinnerung daran. Allerdings wären noch viele Untersuchungen nötig, um dies zu untermauern.

Es steht aber außer Zweifel, dass unsere Gedächtnisleistungen hochkomplex strukturiert sind und es ein einziges Gedächtniszentrum oder ein einziges Gedächtnissystem im Gehirn nicht gibt.

Wie unser Gehirn Informationen verarbeitet: filtern, deuten und bewerten
Sie erinnern sich an die Aussage, dass unser Gehirn weit mehr als ein Computer bei der Informationsverarbeitung und -speicherung leistet. Lassen Sie uns mit einer Modellvorstellung der Wahrnehmungsverarbeitung anfangen, die zwar schon etwas älter ist, aber den Sachverhalt sehr deutlich macht. Keidel entwickelte sein Flaschenhalsmodell (siehe Abb. 9, S. 34) bereits 1967, es wurde zuletzt von Vester (2001, Neubearbeitung von 1997) aufgegriffen. Die konkreten bit-Werte wurden durch die Forschung inzwischen zwar teilweise nach oben oder auch nach unten korrigiert, die prinzipielle Aussage des Modells aber ist unbestritten, und insofern eignet sich das Modell für eine anschauliche Vorstellung der Grundzüge der Wahrnehmungsverarbeitung.

Man sieht, wie ökonomisch und effektiv unser Gehirn arbeitet. Es reduziert zunächst die von uns wahrnehmbaren Informationseinheiten (bits) auf das Allernotwendigste. Man könnte mit Nørretranders (1996) auch sagen: es „exformiert". Offensichtlich reichen diese beschränkten bits aus, um aktuelle Informationen mit bereits bekannten zu vergleichen. Sobald ein Muster dem Gehirn nur annähernd bekannt erscheint, wird es weiterverarbeitet, das heißt mit allem abgeglichen, was dazu im Langzeitgedächtnis gespeichert ist. Das geschieht in Millisekunden und bleibt weit-

2 Erfolgreiches Lernen aus unterschiedlichen Perspektiven

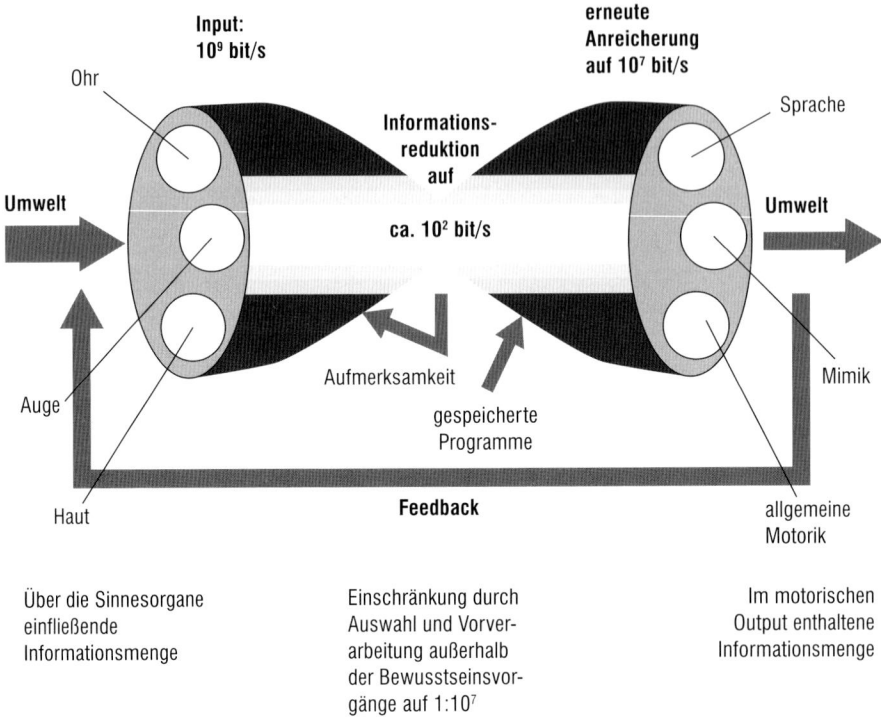

Abb. 9: Das Flaschenhalsmodell der Wahrnehmungsverarbeitung (nach Keidel)
Quelle: Vester (2001), S. 85

gehend unbewusst. Was wir für eine objektiv wahrnehmbare Information halten, ist zumeist unsere subjektiv wahrgenommene, gefilterte und aufgrund unseres Vorwissens gedeutete Information. Dabei wird vor allem im limbischen System und präfrontalen Cortex überprüft und bewertet, was für uns sicher, sozial wünschenswert, lebensbedeutsam, interessant, lustversprechend und authentisch zu sein scheint. Nach diesen „Konstruktionsprinzipien" ist unser Gehirn offenbar angelegt.

Das vorherrschende Prinzip ist dabei „Safety first". Wir verdanken ihm wohl, dass wir als Spezies Mensch so lange auf diesem Planeten überleben konnten. In Gefahrensituationen sorgt unser Gehirn dafür, dass wir nicht lange nachdenken, sondern lebensrettende Maßnahmen ergreifen – Flucht, Angriff oder Verteidigung. Offensichtlich sind wir in Situationen, in denen unsere körperliche Unversehrtheit bedroht ist, nicht zu größeren kognitiven Betrachtungen und Auseinandersetzungen fähig. Stattdessen reagieren wir unbewusst mit früh vertrauten Mustern und Reflexen, die unser Überleben sichern.

> Wichtig: was unser Überleben sichert

Lebensbedeutsamkeit oder Relevanz ist der nächste Filter, nach dem unser Gehirn Informationen filtert und bewertet. Aufgrund unseres Vorwissens, unserer Überzeugungen und Werte entscheiden wir darüber, ob uns eine Information relevant erscheint. Viele wissen aus eigener Erfahrung, dass wir relativ schnell und zumeist erfolgreich lernen, wenn wir unbedingt etwas lernen wollen, sei es, dass wir es zum Erwerb und Erhalt unseres Lebensunterhaltes benötigen, sei es, dass wir Anerkennung in einer Gruppe dafür bekommen, sei es, dass wir eine Beziehung aufbauen oder unbedingt erhalten wollen. Wenn wir allein im Ausland sind, ohne die fremde Sprache zu beherrschen, wir aber dort ohne Sprachkenntnisse unseren Lebensunterhalt nicht finanzieren können, wird das Erlernen in der Regel schneller vonstatten gehen, als im erduldeten regulären Fremdsprachenunterricht in der Schule. Eminent wichtig für das schulische Lernen ist die Rolle des Vorwissens. Es entscheidet weitgehend über das Verständnis neuer Informationen, wie auch schon an Kails Modell der Wissensknoten (Abb. 8) deutlich wurde. Je mehr wir davon besitzen, desto besser können wir dargebotenen Informationen Bedeutung zumessen, sie sinnvoll verarbeiten, vernetzen, speichern und wieder abrufen.

Neugier und Interesse sind weitere Triebfedern für Lernen und erfolgreiche Informationsverarbeitung. Sobald uns etwas interessant – und die Situation ungefährlich – erscheint, versuchen wir, uns dem Gegenstand unseres Interesses zu nähern. Das geschieht bereits im Babyalter, wie auch neueste Forschungsergebnisse zeigen. Daran beteiligt ist unser Hippocampus, der deswegen auch als „novelty detector" bezeichnet wird. Da er eine wichtige Zwischenstation zum expliziten Gedächtnis ist, kann er die neuen Erfahrungen gut daraufhin prüfen, ob sie zu bereits Bekanntem und Vertrautem passen.

Ein wichtiger Filter, der im Gehirn über die weitere Verarbeitung von Erfahrungen mitentscheidet, betrifft die Frage unserer sozialen Stellung innerhalb einer Gemeinschaft. Wie von vielen Hirnforschern betont, sind wir soziale Wesen und auf die Kooperation mit unseren Familien und Gesellschaftsmitgliedern angelegt. Bindungen an enge Bezugspersonen brauchen wir als Kinder zum Überleben. Das zeigte sich etwa an den Versuchen Friedrichs II. im Mittelalter, der – um der Ursprache der Menschheit

> Wichtig: unsere Stellung in der Gemeinschaft

auf die Spur zu kommen – Waisenkinder durch Ammen nur mit Nahrung versorgen ließ, aber streng verbot, sie auf den Arm zu nehmen und auch nur ein einziges Wort mit ihnen zu reden: Bekanntlich starben alle Säuglinge. Die Bindungsforschung hat mittlerweile aufgedeckt, welche emotionalen Faktoren und Kommunikationsarten zwischen Bezugspersonen und Säuglingen für eine sichere Bindung sorgen und dass Bindungen von allen Kindern gesucht werden.

Bauer (2006) betont wiederholt, dass er zwischenmenschliche Anerkennung als den Kern menschlicher Motivation ansieht:

> *„Wir sind – aus neurobiologischer Sicht – auf soziale Resonanz und Kooperation konstruierte Wesen [...]. Die Motivationssysteme schalten ab, wenn keine Chance auf soziale Zuwendung*

> besteht, und sie springen an, wenn Anerkennung und Liebe im Spiel sind. Über längere Zeit vorenthaltener Kontakt hat den biologischen Kollaps der Motivationssysteme im Gehirn zur Folge."
>
> (Bauer 2006, S. 22)

Die Forschung belegt seit vielen Jahrzehnten, wie existenziell sich eine sichere, unsicher vermeidende oder ambivalente Bindung auf unsere Persönlichkeit und unser exploratives Verhalten auswirkt.

Auch Spitzer (2002) stellt fest, dass Kooperation unter uns Menschen der Normalfall sei, Menschen daher von Natur aus Gemeinschaftswesen seien. Im Laufe unserer Entwicklung lernen wir immer besser, Kooperation herzustellen und aufrechtzuerhalten, „denn Kooperation heißt immer auch Verzichten und Teilen" (Spitzer 2002, S. 317). Während man spontane Hilfsbereitschaft auch schon bei 18 Monate alten Kindern beobachten kann, wird das Teilen etwas später gelernt. Dreijährigen fällt es noch sehr schwer, Fünfjährige sind dazu schon besser in der Lage und Achtjährige teilen bereits etwa 45 % ihrer Schätze, ähnlich wie Erwachsene (Klein 2009).

Für das Filter- und Bewertungssystem unseres Gehirns ist es zentral, ob uns eine Tätigkeit mittelbare oder unmittelbare Erfolge und Anerkennung in der Gemeinschaft verspricht oder uns auf andere Weise Lust und Freude beschert. Das menschliche Gehirn antizipiert ständig, was demnächst eintreten wird. Es reagiert besonders heftig, wenn etwas unerwartet positiv ausfällt. Besonders gut gelernt wird daher, was positive Konsequenzen hat. Das führt im Gehirn zu einer Dopaminausschüttung. Dopamine gehören zu den Neurotransmittern oder Neuromodulatoren, die in funktionellen Systemen unseres Gehirns eine besondere Rolle spielen – unter anderem sind sie für Belohnung und Motivation zuständig. Bei einer Dopaminausschüttung gelangen endogene Opioide in den frontalen Teil des Großhirns. Diese Opioide haben eine Art „Türöffnerfunktion": „Die Verhaltenssequenz beziehungsweise das Ereignis, was zum besser-als-erwarteten Resultat führt, wird weiterverarbeitet und dadurch mit höherer Wahrscheinlichkeit abgespeichert. Wir können auch sagen: Es wird etwas gelernt." (Spitzer 2002, S. 180 f.) Positive lustvolle Erfahrungen fördern nicht nur Lernprozesse, sondern sind von eminenter Bedeutung für das Gedächtnis. Ihre Wiederabrufbarkeit in Problemlösesituationen ist gesichert, sie stehen mühelos für kreative Prozesse zur Verfügung. Negative Erlebnisse können zwar äußerst einprägsam sein, werden aber lieber aus dem Bewusstsein verdrängt. Sie spielen dann unbewusst eine Rolle und können sogar regelrecht neues Lernen blockieren.

Spitzer (2002) ist der Meinung, dass positive Erfahrungen bei Menschen zumeist mit positiven Sozialkontakten gleichzusetzen sind. Nicht zusätzliche Futterkügelchen wie bei Ratten seien eine wirkliche Belohnung, sondern die Anerkennung in der Gemeinschaft. „Lernen vollzieht sich immer schon in der Gemeinschaft, und gemeinschaftliche Aktivitäten beziehungsweise gemeinschaftliches Handeln ist wahrscheinlich der bedeutsamste ‚Verstärker'" (Spitzer 2002, S. 181).

Für Lehrerinnen und Lehrer ist auch eine weitere Funktion des Gehirns beachtenswert. Wir sind weitgehend in der Lage, aus dem Vergleich zwischen verbalen und nonverbalen Botschaften eines Menschen Schlüsse zu ziehen, ob eine Botschaft authentisch ist, ob ein Mensch auch wirklich meint, was er sagt und wir ihm vertrauen können. Dabei nehmen wir nur kongruente (oder zumindest kongruent wirkende) Botschaften wirklich an, andere betrachten wir als irrelevant. „Walk as you talk", scheint die Maxime zu sein, nach der wir die Kongruenz oder Nichtkongruenz von Kommunikationsangeboten beurteilen. In Sekundenschnelle erfassen wir über den Gesichtsausdruck (besonders Augen- und Mundstellung), die Tönung der Stimme (Prosodie), die Atmung, Körperhaltung und unbewusst wahrgenommenen emotional gesteuerten Körpergeruch, wie es um unser Gegenüber bestellt ist. Der Hirnforscher G. Roth (2006, S. 53) meint dazu:

Verbal und nonverbal Kommuniziertes müssen übereinstimmen

„Schüler stellen schnell und zumindest im ersten Schritt unbewusst fest, ob der Lehrer motiviert ist, seinen Stoff beherrscht und sich mit dem Gesagten auch identifiziert [...]. Wenn also ein in vielen Jahren des Lehrerdaseins ermüdeter, unmotivierter Lehrer Wissensinhalte vorträgt, von denen er selbst nicht weiß, ob sie überhaupt noch zutreffen, so ist dies in den Gehirnen der Schüler die direkte Aufforderung zum Weghören."

Bauer stellt in seinem Buch *Lob der Schule* (2009, S. 57) fest, dass sich Schüler eher der Führung einer authentischen Lehrkraft anvertrauen:

„Eine ausgewogene Balance zwischen verstehender Zuwendung und Führung gelingt jenen Lehrkräften am besten, die nicht nur ihre Schüler als Person wahrnehmen, sondern sich selbst auch als Person wahrnehmen lassen, die also als ‚Menschen mit Eigenschaften' auftreten, das heißt spontan und authentisch sind. Solche Lehrkräfte stehen von der ersten Minute jeder Stunde an mit der Klasse in Kontakt."

Der Bauch im Kopf – Bewusstes und Unbewusstes im Lernprozess

Das Flaschenhalsmodell der Wahrnehmung (S. 34) konnte uns zeigen, dass wir Informationen auswählen, auf die wir reagieren, und dass die Auswahl der Verhaltensmuster, mit denen wir antworten, uns weitgehend unbewusst bleibt. Es ist dabei durchaus als Segen anzusehen, dass wir nicht gezwungen sind, uns mit einer Informationsfülle auseinanderzusetzen, die uns erdrücken würde und die zudem für unser Leben unter Umständen weitgehend irrelevant wäre. Ein Zahlenbeispiel macht deutlich, wie viele Informationen rein rechnerisch in jeder Sekunde auf uns einstürmen könnten. Wissenschaftler schätzen die Anzahl der Nervenzellen auf insgesamt 10 bis 100 Milliarden. Etwa die Hälfte der Neuronen ist dafür zuständig, Informationen aus den Sinnesorganen zu empfangen, die andere Hälfte leitet motorische Reaktionen ein. Man billigt jeder Zelle wenigstens einen Rezeptor zu. Mithin könnten – theoretisch gesehen – zwischen 5 und 50 Milliarden bits empfangen und im Gehirn weitergeleitet werden. Auch wenn von Wissenschaftlern bis heute unterschiedliche Angaben über die drastisch reduzierte Anzahl von bits gemacht werden, die wir bewusst verarbeiten können (in der

2 Erfolgreiches Lernen aus unterschiedlichen Perspektiven

Literatur finden sich Werte zwischen 16 und 100 bits), so ist doch in jedem Fall die Reduktion von Vorteil für die weitere Informationsverarbeitung.

Was konnten Wissenschaftler bisher über die Reduktion bei der Informationsaufnahme und der Auswahl von Verhaltensweisen in Erfahrung bringen? Wir folgen hier zunächst den Aussagen von Kolb/Whishaw (1996). Die Neuropsychologen schreiben es dem Konzept der Aufmerksamkeit zu, dass wir uns auf bestimmte sensorische Eingänge, motorische Programme und Gedächtnisinhalte konzentrieren können, indem wir sie mit einer Art „mentalem Scheinwerfer" beleuchten. Scheinwerfer können in diesem Fall bewusst oder unbewusst arbeiten. Mit unbewusst meinen die Autoren: ohne Absicht, ohne bewusste Wahrnehmung und automatisch. Sie zeigen auf, dass unbewusste Reaktionen einen anderen Weg durchs Gehirn nehmen als bewusste. Dabei heben sie darauf ab, dass unbewusste (weil automatisierte) Vorgänge äußerst nützlich in unserem Leben sind, denn sie machen es möglich, dass wir uns bewusst anderen Dingen zuwenden. Jeder, der Autofahren gelernt hat, weiß, dass zunächst alle notwendigen Teilfertigkeiten bewusst erlernt werden müssen: bremsen, Gas geben und kuppeln, korrektes Überholen und Einparken. Nach intensivem Training verwenden wir als geübte Autofahrer aber keinen Gedanken mehr daran, wir können uns während der Fahrt unterhalten, Radio hören, sogar telefonieren, es sei denn eine verkehrstechnisch schwierige Situation lenkt unsere Aufmerksamkeit wieder aufs Fahren selbst. Kolb/Whishaw folgen hier einer Theorie, nach der nur eine begrenzte Kapazität zur Verfügung steht, die zwischen gleichzeitig ablaufenden Aktivitäten aufgeteilt werden muss (vgl. Kolb/Whishaw 1996, S. 397). Die jeweils größere Anstrengung, die zur Lösung einer Aufgabe angewendet werden muss, beeinflusst danach die Art und Weise der Informationsverarbeitung. So können nicht zwei das volle Bewusstsein erfordernde Aufgaben gleichzeitig gelöst werden.

Automatisierte Reaktionen laufen unbewusst ab

Einzelne Schaltkreise der Aufmerksamkeit lassen sich in den unterschiedlichen Hirnregionen ausmachen. Kolb/Whishaw (1996, S. 401) ordnen die räumliche Aufmerksamkeit den Scheitellappen zu, die visuelle Aufmerksamkeit (Objekte und Objekteigenschaften) der Schläfenregion, die Auswahl von Reaktionen Gebieten des Frontallappens und das Unterdrücken oder Filtern irrelevanter Informationen Teilen des Scheitellappens. Unser Frontallappen ist verantwortlich für die Programmierung mentaler Aktivitäten, er ist unser ausführendes Aufmerksamkeitssystem (executive attentional system).

Was genau unterliegt nun aber unserem Bewusstsein? Im Vergleich zur Menge alles Wahrgenommenen nimmt es nur einen kleinen Raum ein. Zimmermann, Professor am Physiologischen Institut der Universität Heidelberg, stellt dazu fest: „Unsere bewusste Wahrnehmung beschränkt sich also auf einen winzigen Ausschnitt der über die Sinnesorgane aufgenommenen Informationsfülle aus der Umwelt" (Zimmermann 1993, S. 182). Man ist sich darüber einig, dass es kein einheitliches Bewusstsein geben kann. So haben Kinder oder auch sehr alte Menschen ein anderes Bewusstsein als Erwachsene im mittle-

Das Bewusstsein hat Grenzen

ren Alter, gesunde Personen ein anderes als zum Beispiel an Demenz erkrankte. Zudem unterscheidet man verschiedene Ebenen des Bewusstseins und unterschiedliche Bewusstseinsgrade. Bewusstsein wird nach Kolb/Whishaw (1996, S. 408f.) im Gehirn durch Funktionen vieler unabhängiger Systeme erzeugt, bei denen das Sprachsystem eine besondere Rolle spielt. Es liefert uns die Grundlage dafür, was wir für die Realität halten.

Wenn wir eine bewusste Entscheidung treffen, sind wir gewöhnlich der Meinung, alles Für und Wider gegeneinander bewusst abgewogen zu haben. Gelegentlich spüren wir aber auch ein intuitives Veto, ein ungutes Gefühl im Bauch. Es zeigt uns an, dass wir trotz vernünftigen und gewissenhaften Abwägens doch noch nicht von unserer Entscheidung überzeugt sind. Der *Spiegel* widmete der Intuition 2006 ein Titelthema „Gefühltes Wissen". Hier wurde ausführlich diskutiert, welche Rolle emotionale Erinnerungen für unsere Entscheidungen spielen. Abbildung 10 mit dem Titel „Der Bauch im Kopf" war ein Versuch, die Vorgänge im Gehirn zu visualisieren. Da

Unsere Entscheidungsgrundlagen sind bewusst *und* unbewusst

dieser Abgleich von Wahrgenommenem und explizit, implizit sowie emotional Erinnertem in hohem Maße unbewusst und vernetzt abläuft, kann man durchaus sagen, dass selbst scheinbar bewusste und sachliche Entscheidungen ein hohes Maß an nichtbewussten und emotionalen Anteilen haben. Nach Keidels Flaschenhalsmodell (siehe S. 34) kommt in unserem Verhalten durch Mimik, Gestik und Intonation zum Teil et-

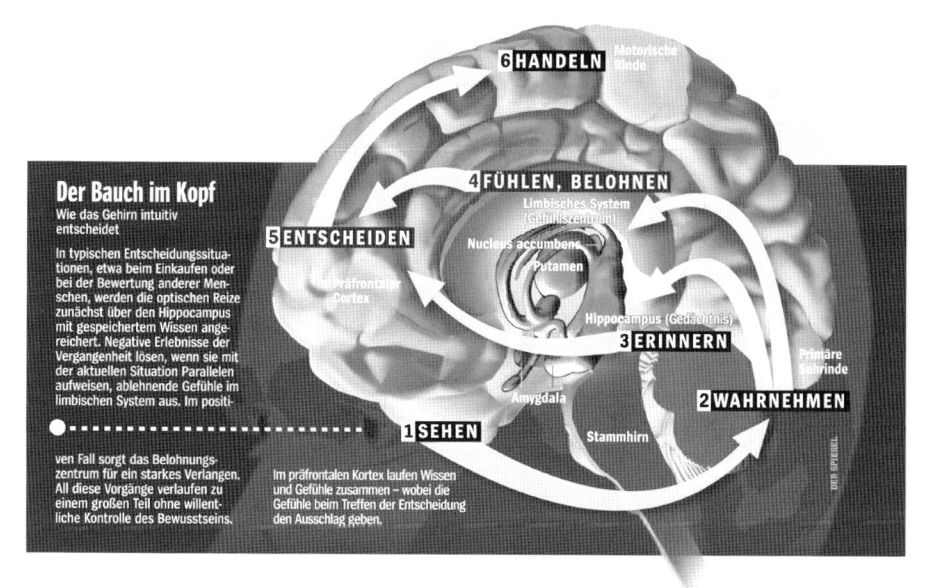

Abb. 10: *Der Bauch im Kopf* aus *Spiegel* Nr. 15/2006, S. 161
© SPIEGEL-Verlag Rudolf Augstein GmbH & Co. KG

was von diesem Unbewussten zum Ausdruck. Hier können oft andere besser als wir selbst erkennen, was uns bewegt und wie wir uns wirklich fühlen. Sie spüren, ob das, was wir sagen oder tun, damit übereinstimmt, was wir wirklich meinen. Unsere nonverbalen Botschaften verraten unserem Gegenüber dann mehr von uns, als wir sagen oder als uns selbst bewusst ist.

Interessant sind in diesem Zusammenhang Versuche, die der Neurowissenschaftler Libet in den 1970er Jahren vornahm. Er forderte Personen auf, wenn es ihnen in den Kopf kam, willentlich ihre Finger zu bewegen. Mithilfe einer ausgeklügelten Versuchsanordnung schaffte er es, die Aktionspotentiale im Gehirn vor, während und nach der willkürlich von den Probanden eingeleiteten Bewegung zu messen. Es stellte sich heraus, dass bereits knapp 0,5 Sekunden, bevor die Probanden bewusst ihren Entschluss zur Bewegung fassten, ein Bereitschaftspotential im Gehirn messbar war. Weitere 0,2 Sekunden vergingen, bis die Bewegung dann ausgeführt wurde. Das Gehirn bereitete die Aktion also schon vor, bevor die Probanden bewusst den Entschluss gefasst hatten, ihren Finger zu bewegen. Die Ergebnisse dieses Versuches lösten nicht nur bei Neurowissenschaftlern, sondern auch bei Philosophen, Theologen und Juristen großen Diskussionsbedarf aus, schien doch damit der bewusste freie Wille des Menschen sehr infrage gestellt. Nørretranders (1994), der die Versuche ausführlich diskutiert, bemerkt dazu, dass zumindest zwischen Bewusstwerdung und Tatausführung noch 0,2 Sekunden liegen, also Zeit genug, eine bereits geplante Handlung wieder abzubrechen und den freien Willen für eine bewusste Gegenentscheidung nutzen zu können.

Auch wenn von der Wissenschaft bisher kein unbestrittenes Ergebnis über den Anteil von Bewusstem und Unbewusstem an unserer Informationsverarbeitung vorliegt (und dies auch noch lange ein Geheimnis bleiben wird, wie viele Forscher betonen), so können wir doch Folgendes festhalten: Offensichtlich erfasst unser Bewusstsein nur einen kleinen Ausschnitt dessen, was wir aufzunehmen imstande wären. Es arbeitet relativ langsam, und unser Erleben von Bewusstsein fällt – aus welchem Grund auch immer – nicht unbedingt mit dem Zeitpunkt zusammen, an dem sich Aktionspotentiale, die eine Handlung vorbereiten, im Gehirn zeigen.

Wie das Gehirn entscheidet, was es gerne lernen möchte

Fassen wir zusammen, welche Faktoren Lernen effektiv beeinflussen. Aus neurowissenschaftlicher Sicht können wir für den Weg von der Wahrnehmung über die Informationsverarbeitung zur dauerhaften Speicherung und zum erneuten Abruf Folgendes festhalten.

Das offensichtliche Konstruktionsprinzip unseres Gehirns „Überleben hat höchste Priorität" hat großen Einfluss auf Lernprozesse. Es ist für uns Menschen äußerst sinnvoll zu lernen, wann unser Leben und unsere soziale Stellung in der Gemeinschaft in Gefahr sind und wann wir uns wohlfühlen können. Beides ist weitgehend von der Umwelt abhängig, in der wir aufwachsen. Nun ist es aber keineswegs so, dass wir nur in einem für uns positiven Kontext und in einer sicheren Umgebung lernen könnten. Lernprozesse erfolgen auch in negativer, körperlich, sozial und emotional gefährdender Umgebung. Sinnvoll scheint, dass negative Erfahrungen besonders nachhaltig gespeichert werden, um uns in einer erneut auftauchenden Gefahrensituation unmittelbar warnen zu können. Schlecht ist die negative Qualität von Lernerfahrungen für das Weiterlernen. Wir möchten dieselbe Erfahrung nicht noch einmal machen, vermeiden nach Kräften ein beängstigendes Gebiet und weichen dadurch neuen Lernmöglichkeiten aus. Auch wenn es uns gelingt, alles zu verdrängen, können uns unbewusste Emotionen trotzdem blockieren. Umlernen ist – neurowissenschaftlich gesehen – viel schwieriger, als etwas neu zu lernen. Ist das Kind erst einmal in den Brunnen gefallen, bedeutet es immense Anstrengungen, um diese tief eingeprägten Erfahrungen zu überlagern. Dies konnte Seligmann (1999) bereits in den 1970er Jahren durch seine Experimente mit Hunden belegen. Seine Versuchstiere gaben nach längerer Zeit unkontrollierbarer Elektroschocks im Käfig einfach auf. Sie legten sich apathisch auf den Boden. Änderte Seligmann für diese Tiere mit „erlernter Hilflosigkeit" die Versuchsanordnung und ließ beim nächsten Schock die Käfigtür offen, so machte kein Hund den Versuch zu entkommen. Seligmann musste ein solches Tier mehr als 100 Mal ins Freie tragen, bevor es sich aus eigenem Antrieb in Sicherheit brachte.

Negative Lernerfahrungen blockieren

In positiver Lernumgebung erworbene Fähigkeiten, Fertigkeiten und Fakten haben einen eindeutigen Vorteil. Sie stehen uns für Herausforderungen und Probleme, die kreative und innovative Lösungen erfordern, leicht zur Verfügung. Kreatives Denken erfordert freies Assoziieren und ungehinderten Zugriff auf explizites und implizites Wissen und Können. Angst und zu großer Stress führen dagegen zum „Tunnelblick". Der tritt auch dann ein, wenn wir uns an einer Problemstellung oder Aufgabe „festbeißen". Dann braucht unser Gehirn dringend Zeit zum „Abschalten". Eine Ruhepause oder Ablenkung ist notwendig, um überhaupt wieder auf neue Gedanken kommen zu können. Eine Lernumgebung, die ausreichend soziale und emotionale Sicherheit für Kinder bietet, ist daher eine notwendige Grundlage für komplexe Lernprozesse und anschlussfähiges, intelligentes Wissen. So unterstützt, kann ein Kind bei entsprechender Anstrengung und Herausforderung Lernergebnisse erzielen, die ihm frei und nachhaltig zur Verfügung stehen und es befähigen, kreative Lösungen für anstehende Probleme zu finden.

Intelligentes Wissen braucht positive Lernkontexte

Unsere Motivation zu lernen ist zutiefst mit der Suche nach einem anerkannten Platz in der menschlichen Gemeinschaft verbunden. Allerdings lernen wir Regeln gemeinschaftsfördernden Verhaltens in Anlehnung an die Kultur, in die wir hineinwachsen. Hilfsbereitschaft und ein gewisser Gerechtigkeitssinn scheinen uns angeboren zu sein und sind bei allen Völkern der Erde nachweisbar, nicht aber das Ausmaß an Kooperationsfähigkeit und -willigkeit. Anthropologische Studien ergaben hier interessante Aspekte. Völker, in denen Kinder im täglichen Leben nur mit den Mitgliedern des eigenen Familienclans zu tun haben und in denen jeder, so gut er kann, nur für sich sorgt, zeigen ein deutlich geringeres Maß an Bereitschaft zu teilen,

Soziale Kompetenzen erwirbt man in der Gemeinschaft

als Kinder, die in Völkern aufwachsen, die im täglichen Leben auf die Kooperation von allen Mitgliedern in wechselnden Bezügen angewiesen sind. Menschen setzen sich offensichtlich am bereitwilligsten für das Gemeinwohl ein, wenn sie wissen, wie sehr sie aufeinander angewiesen sind (vgl. Klein 2009). Beziehungs- und Kooperationsfähigkeit einzuüben ist auch ein wichtiges Ziel in demokratischen Gesellschaften wie der unseren. Kinder müssen aber Solidarität und Gerechtigkeit auch in ihrer Umgebung erleben und erfahren können. Präambeln, die das einfordern, aber weder in der Gesellschaft noch im Schulleben wirklich gelebt werden, nutzen hier wenig, sondern allein konkretes soziales Handeln.

Allgemein fällt es uns leichter, für unser Leben Bedeutsames zu lernen als Dinge, die uns irrelevant und langweilig erscheinen. Die Relevanz ist dabei nicht nur auf den Lerninhalt bezogen, sondern kann auch darin bestehen, dass Inhalte ein Mittel zum Zweck sind, etwa indem gute Noten uns einen begehrten Studienplatz ermöglichen oder wir einen Kurs mit einem Freund zusammen besuchen können. Was uns jeweils relevant erscheint, wird während der Informationsverarbeitung weitgehend zunächst unbewusst auf der Grundlage unseres bisherigen Wissens und unserer Überzeugungen entschieden. Unser Bewusstsein kann hier allerdings auch Entscheidungen treffen, die „unangenehme" Lernepisoden im Interesse eines bedeutsamen Lernzieles überwinden helfen. Es diszipliniert gewissermaßen unsere Impulse und hält uns „auf Kurs". Wir haben nicht nur Interesse an Dingen, die unmittelbar Nutzen versprechen: Menschen sind von Natur aus mehr oder weniger neugierig und lernbegierig. Wenn man uns nicht einer deprivierenden Umwelt aussetzt, bleiben wir auf Entdeckungsreise. Ein wichtiger Motor für Lernen ist daher unsere Suche nach interessanten, neuen Erfahrungen. Langeweile bezeichnen wir nicht umsonst als „tödlich", Erfolge hingegen sind mit Dopaminausschüttungen in unserem Gehirn verbunden – unser Belohnungszentrum kann uns derart aktivieren, dass wir darüber sogar Essen und Trinken vergessen. Besonders antreibend wirkt bei uns ein unerwarteter Erfolg. Fällt ein Resultat besser aus, als wir es erwartet haben, so sind wir glücklich. Mit Erfolg Gelerntes führen wir nicht nur gerne vor, sondern freiwillig auch immer wieder aus.

Relevanz, Erfolg: wichtige Motoren des Lernens

Bei all dem lernen wir von früh auf, dass nonverbale Botschaften uns Lebenswichtiges eher verraten als verbale. Ein schönes Beispiel liefern hierfür die Stufen des Spracherwerbs. Bevor Babys in der Lage sind, Wörter oder Sätze inhaltlich zu verstehen, können sie deren Bedeutung für sich entschlüsseln. Durch die Intonation der Sprechenden wissen sie, ob das Gesagte für sie eine positive oder negative Bedeutung hat, ob ihre Bezugsperson mit ihnen glücklich oder über sie verärgert ist. So kann die Art der Aussprache von „Komm mal her!" einem kleinen Kind signalisieren, ob es erwarten kann, danach in den Arm genommen oder bestraft zu werden.

Nonverbale Kommunikation

Fassen wir zusammen, auf welche Weise wir optimal lernen, so könnte man meinen, das Gehirn stelle sich bei Informationsverarbeitungsprozessen folgende Fragen:

- Kenne ich das schon?
- War es angenehm oder unangenehm?
- Ist das, was ich erlebe, gut für mich?
- Werde ich als Person anerkannt?
- Bekomme oder behalte ich meinen Platz in der Gemeinschaft?
- Hat das, was ich lernen soll, für mein Leben Bedeutung?
- Ist es auch interessant, weckt es meine Neugier?
- Wird es sich lohnen, macht es mir Freude?
- Könnte ich Erfolg haben?
- Meint mein Gegenüber wirklich, was es sagt?
- Stimmen verbale Botschaften und nonverbale überein?
- Kann ich ihm vertrauen?
- Bin ich hier sicher?

Es ist offensichtlich, dass beim Lernen kognitive, emotionale und soziale Anteile eng miteinander vernetzt sind. Nicht alles davon wird uns bewusst, es wirkt sich aber dennoch stark auf unsere Lernfähigkeit aus. Dieser Einfluss ist individuell sehr verschieden, selbst bei gleichen oder ähnlichen Erfahrungen, wie sie zum Beispiel Geschwister in der Familie erleben. Ohne innere Widerstände, Hemmnisse oder negative Begleitgefühle sind nur Inhalte abrufbar, die in einem positiven Lernkontext gemacht wurden. Sie stehen uns für Problemlöseprozesse – also produktives Denken – frei zur Verfügung.

Alle lernen gleich, jeder lernt anders

Unsere Gehirne folgen allgemeinen Lernprinzipien, wie in den vorangegangenen Kapiteln dargestellt wurde: Wir nehmen Informationen nicht nur wahr, sondern filtern, deuten und bewerten sie auch. Durch Denken, Lernen und Vergessen verändern sich bereits bestehende neuronale Netze, sie werden auf- oder auch abgebaut beziehungsweise umstrukturiert. Unsere Speichersysteme folgen bestimmten Regeln. Wenn wir nicht erkranken, stehen uns allen explizite, implizite und emotionale Gedächtnisinhalte zur Verfügung. Sie sind spezifisch miteinander vernetzt. Auf diese Weise ist nur in Ausnahmefällen kognitiver, sozialer und emotionaler Wissenserwerb getrennt voneinander möglich. Ebenso brauchen wir in der Regel ein gewisses Maß an Training, um Erlerntes zu automatisieren, das heißt Inhalte und Fertigkeiten „wie im Schlaf" zu beherrschen. Auch Haltungen und Einstellungen entwickeln sich zumeist erst langsam durch entsprechend häufige Erfahrungen, gelegentlich aber auch durch einmalige, dann aber sehr tiefgehende physische, emotionale und soziale Erlebnisse. Menschliche Informationsverarbeitungsprozesse weisen einen hohen Anteil an Unbewusstem auf. Manche Forscher meinen zudem, dass wir nur zu 20 % auf eine verbale Botschaft reagieren, aber zu 80 % auf die nonverbale – die Körpersprache verrät über Mimik, Gestik und Intonation offensichtlich stärker und authentischer, was wir kommunizieren möchten, als das, was wir sagen. Auf diese Weise sind wir uns prinzipiell und grundlegend ähnlich, man könnte sagen, wir lernen alle gleich.

Trotzdem ist auch die scheinbar widersprüchliche Aussage berechtigt „Jeder lernt anders". Wir unterscheiden uns in unseren Lernprozessen individuell oft sehr stark. Unsere „kleinen grauen Zellen" sind individuell so unterschiedlich miteinander verbunden, dass die neuronalen Netze jedes Menschen ebenso einzigartig sind wie seine Fingerabdrücke. Wesentlich für jeden individuellen Lernprozess im Schulalter ist, was wir bereits an implizitem und explizitem Vorwissen gespeichert haben. An dieser Stelle sei noch einmal an das Modell von Kail (Abb. 8, S. 32) erinnert, das deutlich macht, wie viele Erfahrungen nötig sind, um Begriffe und Kategorien bilden zu können. Diese Erfahrungen werden im Säuglings- und Kleinkindalter, wie Spitzer in einem Vortrag am 28.3.2009 in Köln betonte, wirksam nur von Mensch zu Mensch oder im direkten Kontakt mit der unmittelbaren Umgebung gewonnen. Fernsehen oder andere Medien können in diesem Alter nicht zu Wissenszuwachs führen. Je reichhaltiger ein Kind mit konkreten Umwelterfahrungen ausgestattet ist, desto mehr Anknüpfungsmöglichkeiten wird es durch sein reichhaltiges Wissensnetz für den Unterricht haben und desto eher wird es zu einer stärkeren Abstrahierung imstande sein. Kurz gesagt: Begriffe können nur in ihrer Bedeutung erkannt werden, wenn das Gehirn des Empfängers über das entsprechende Vorwissen verfügt. Ist kein Bedeutungskontext vorhanden, so wird über den Kopf des Lernenden hinweg unterrichtet, da Bedeutungen nicht vom Lehrenden auf den Lernenden übertragen werden können, sondern vom Gehirn des Lernenden konstruiert werden müssen. Diese Tatsachen führen schon zu Schulbeginn zu erheblichen Unterschieden in der Informationsverarbeitung im Unterricht.

Lernen heißt, seine bisherigen Lebenserfahrungen zu erweitern

Aber noch weitere Gegebenheiten sind von Bedeutung. Gemeinhin werden sie unter dem Thema „Lerntypen" abgehandelt, die es in der Reinform, in der sie in der Fachliteratur beschrieben werden, äußerst selten gibt. In der Regel sind wir alle Mischtypen, haben aber durchaus mehr oder weniger starke Präferenzen. Sie ermöglichen uns, besonders effektiv zu sein, wenn die angebotene Informationsart – auditiv, visuell, kinästhetisch – unserer präferierten Verarbeitungsweise entspricht. Wir können dann besonders leicht assoziieren und Neues an bekannte neuronale Netze anknüpfen. Bereits in den ersten Lebensmonaten entwickeln sich neuronale Netze unterschiedlich, die entweder Bilder, Töne oder Bewegungen, Gerüche oder Geschmacksrichtungen verarbeiten. In welchem Sinneskanal bevorzugt gespeichert wird, entscheiden zum Teil die Erbanlagen, aber auch die frühen Umwelteinflüsse. Dies geschieht in der Weise, dass die Grundmuster des Denkens sich danach ausrichten, dass sie in der jeweils vorgefundenen Umgebung dem Zweck, das eigene Überleben zu sichern, möglichst gut entsprechen.

Lerntypen: auditiv, visuell, kinästhetisch

In der Schule spielt diese individuelle Ausprägung insofern eine Rolle, als Lehrende ebenfalls – häufig, ohne dass es ihnen bewusst wird – bevorzugt auf einem Kanal senden und damit Schülerinnen und Schüler Vorteile im Verständnis haben, die sozusagen „gleich gepolt" sind. Individuell unterschiedlich können auf diese Weise aber auch große Kommunikationsprobleme entstehen. Dies gilt besonders für Schülerinnen und Schüler, die nur sehr einseitig Informationen verarbeiten können und deren Lehrerinnen und Lehrer sich der dadurch entstehenden Problematik nicht bewusst sind. Kinder sind dann gezwungen, gesendete Informationen ständig in ihren Sinneskanal zu „übersetzen", sei es in Bilder, Dialoge oder in Bewegungen. Durch diese innerliche Übertragungsarbeit geraten sie auf jeden Fall zeitlich ins Hintertreffen, das heißt, sie bekommen vom aktuellen Lehrprozess nicht mehr viel mit. Viele geben nach entsprechenden Frustrationserlebnissen dann auch einfach auf. Dabei scheinen die rein visuell verarbeitenden Schülerinnen und Schüler zeitlich noch am wenigsten benachteiligt. Ihre bildliche Vorstellungskraft erlaubt, viele Informationen über einen Lerngegenstand auf einmal zu erfassen und als Gesamtbild im Gedächtnis zu verhaften. Gute Tafelbilder oder Medien sind für diese Kinder das A und O. Der rein auditive Typ ist zeitlich mit der Übersetzungsarbeit etwas im Nachteil, weil Hören eine sequentielle Angelegenheit ist. Wer die Welt vorwiegend über den Klang erlebt, ist gezwungen, zum Auffinden bestimmter Informationen alle vorherigen Hörsequenzen abzurufen. Das ähnelt den Problemen eines Erwachsenen, der sich ganz schnell alle Buchstaben des Alphabets aufsagt, um den Standort eines bestimmten Buchstabens zu ermitteln. Eine noch größere zeitliche Benachteiligung entsteht für rein kinästhetische Lerntypen, die sich Sequenz für Sequenz in ein neues Lerngebiet mit Händen und Füßen einfühlen müssen, wollen sie erfolgreich lernen. Verglichen mit eher visuell Lernenden ist dies eine sehr langsame Lernweise. Es braucht einfach Zeit, um alles „erfassen" und „begreifen" zu können.

Die folgende Übersicht über die Kapazität der Eingangskanäle bezüglich der Informationsaufnahme – gemessen in bit – deutet an, welche zeitlichen Vor- und Nachteile unsere Sinneskanäle bieten. Bei all dem darf nicht vergessen werden, dass die Schule immer noch sehr viel Lernstoff audiovisuell vermittelt, sodass kinästhetisch lernende Kinder im Nachteil sind.

Kanäle	bits pro Sekunde
Sehen (visuell)	mindestens 10.000.000 bits/Sekunde
Hören (auditiv)	1.000.000 bits/Sekunde
Tasten (haptisch)	400.000 bits/Sekunde
Riechen (olfaktorisch)	20 bits/Sekunde
Schmecken (gustatorisch)	13 bits/Sekunde

Es kommt im Unterricht aber nicht nur auf Lerntypen und die Assoziationsträchtigkeit von Informationen an. In der Kommunikation macht sich auf jeden Fall bemerkbar, was Lernende und Lehrende sonst noch bevorzugen. Wir lernen nur optimal, wenn wir etwas in ein bestehendes, uns vertrautes System einordnen können und es im Ganzen zu uns passt. Viele individuelle Variationen sind möglich, von denen nur einige hier genannt werden sollen. Dazu zählen unter anderem: Unsere unterschiedlichen biologischen Rhythmen, die einen „Morgenmenschen" in den ersten Schulstunden hellwach und aufmerksam sein lassen, einen nur langsam anlaufenden „Abendmenschen" allenfalls in den letzten. Außerdem spielt unser Temperament mit einer verstärkten Extra- oder Introvertiertheit eine Rolle, ferner das Ausmaß und die Art von Motivation für ein Gebiet und die Tatsache, ob unsere primären Interessen eher personen- oder gegenstandsorientiert sind. Wir unterscheiden uns danach, ob wir eher einen groben Überblick bevorzugen oder ins Detail verliebt sind, ob wir das Glas als halb voll oder halb leer ansehen und in vielen anderen Dingen mehr. Es erscheint so gut wie unmöglich, jede dieser individuellen Ausprägungen im Unterricht gleichmäßig als Lehrer „bedienen" zu können, aber allein das Bewusstsein dieser Vielfalt kann helfen, viele Glanz-, aber auch Fehlleistungen von Schülern nicht „ausschließlich als Ausdruck der Dummheit, Faulheit, Intelligenz, des Fleißes oder des Interesses eines Schülers" (Vester 2001, S. 125) zu interpretieren. Für Lehrende wäre es wichtig, ihren eigenen Mustern auf die Spur zu kommen, damit nicht nur ähnlich gepolte Schülerinnen und Schüler im Unterricht zu ihren Rechten kommen.

Jeder lehrt und lernt mit seiner ganzen Persönlichkeit

Lernen spielt sich in einem emotionalen und sozialen Rahmen ab, der sich von Mensch zu Mensch unterscheidet. Damit ist hier nicht in erster Linie die Summe der Erfahrungen gemeint, die Kinder zu Hause oder in der Schule erwerben, sondern die eigene subjektive Bewertung von Erlebnissen. Sie entscheidet darüber, wie stark zum Beispiel eine Stress auslösende Situation von einem Kind eher als Herausforderung, von einem anderen unter Umständen als komplette Überforderung erlebt wird, der es sich hilflos ausgesetzt fühlt. Vor allem die jüngere Stressforschung hat gezeigt, dass Stress eine Frage der Bewertung und der Dosis ist und nicht einfach in Eustress und Distress eingeteilt werden kann. Auch das individuelle Ausmaß von Angst beeinflusst weitgehend Lernprozesse. Spitzer (2002) macht darauf aufmerksam, dass zwar mit starker Angst verbundene Erlebnisse nicht vergessen werden, das Individuum aber daran gehindert wird, diese unter Angst eingeprägten Fakten mit neu zu lernenden oder bereits bekannten Inhalten zu verknüpfen und das Gelernte auf andere Situationen und Beispiele kreativ anwenden zu können, wie es auch bereits in den vorangegangenen Kapiteln ausgeführt wurde. Er meint, ständige Versagensangst führe zu einem kognitiven Stil, der zwar das rasche Ausführen einfacher erlernter Routinen erleichtere, das lockere Assoziieren dagegen erschwere. Am Beispiel der Angst wird deutlich, welchen Einfluss vorherrschende Gefühle und entsprechende soziale Erfahrungen auf kognitive Prozesse haben können und wie sehr kreative Problemlösefähigkeiten und divergentes Denken von Gefühlen beeinflusst werden kann.

Ganz individuell: Stress und Angst

Es ist inzwischen durch die bildgebenden Verfahren nachgewiesen, dass emotional positiv besetzte Lernergebnisse im Gehirn anders abgespeichert werden als negative und dass ein Zustand von entspannter Aufmerksamkeit optimal für Lernprozesse ist. Dies bedeutet, dass nur ein geringes Maß an Angst, aber ein hohes Maß an Herausforderung uns besonders gut lernen lässt. Wolf (1992) weist ebenfalls auf die hohe Bedeutung von Gefühlen für die psychische Grundstruktur des Menschen hin, auf das Befinden, die Motivation zu lernen und sozial zu interagieren. Es ist daher nachvollziehbar, dass wir alle zwar den allgemeinen Lernprinzipien des Gehirns folgen, dies aber auf eine unnachahmlich individuelle Weise, die durch unsere Lebenserfahrungen entscheidend mitgeprägt wurde und wird. So lernen wir eben alle gleich und dennoch jeder anders.

2.2 Pädagogisch wünschenswert: vollständige und nachhaltige Lernprozesse oder „Gesagt ist noch nicht gehört …"

Lernprozesse gelten dann als erfolgreich, wenn „relativ dauerhafte Veränderungen des Verhaltens, der Verhaltensdispositionen und damit auch der Person [...] entstehen oder bewirkt werden" (Roth 1975, S. 115). Heute werden eher die Begriffe „Nachhaltigkeit des Lernens" oder „intelligentes Wissen" benutzt, wenn man zum Ausdruck bringen will, dass Erlerntes wirklich verstanden und auf Dauer verinnerlicht worden ist und dann auch in neuen Problemsituationen angewendet werden kann. Das Gegenteil bezeichnet man oft als „totes" oder „träges" Wissen, das lediglich wiedergegeben werden kann. Dem Lernenden gelingt es dann nicht, Bezüge zu realen Problemsituationen und zum eigenen Leben herzustellen. Spitzer (2002) kritisiert diese Art von Wissenserwerb, der häufig durch ein reines „learning on the test" entsteht und sich dadurch „auszeichnet", dass das so Erlernte baldmöglichst nach Prüfungen oder Klausuren wieder vergessen wird. Diese Art zu lernen scheint dennoch eine vielgeübte Praxis zu sein. Eine Wurzel für dieses Übel sah Spitzer 2002 in amtlichen Vorschriften für Klassenarbeiten, nach denen nur der Stoff der letzten sechs Wochen abgefragt werden durfte. Er schlug deshalb vor, künftig in Prüfungen nur noch Inhalte abzufragen, die keinesfalls in den letzten sechs Wochen Thema waren. Dem haben die Kultusministerien teilweise schon durch die kompetenzorientierten Lehrpläne Rechnung getragen. In heutigen Klassenarbeiten geht es immer um mehr als in „jüngster Vergangenheit" erworbenes Wissen.

Nachhaltig gelernt wird nur, wenn man

> „täglich ein bisschen lernt und wiederholt. Wichtige Inhalte müssen immer wieder gelernt werden! Selbst in der Mathematik geht es nicht nur darum, einmal etwas begriffen zu haben. Das Begriffene muss vielmehr immer wieder angewendet werden. Nur so wird man sicher."
>
> (Spitzer 2002, S. 410)

Das Problem deutscher Schülerinnen und Schüler, zu wenig nachhaltiges Wissen zur Verfügung zu haben, wurde durch die bisherigen PISA-Studien deutlich. Sie zeigten, dass es bei unseren Schülerinnen und Schülern an anschlussfähigem Vorwissen für weiterführende Lernprozesse fehlt. Gerade bei Aufgabenstellungen, die hohe Anforderungen im Bereich des Reflektierens und Wertens stellten und ein In-Bezug-setzen-Können von Wissen zum eigenen Lebensbereich verlangten, konnten nur sehr wenige Jugendliche mithalten und ein im internationalen Vergleich gesehen sehr großer Prozentsatz erreichte nicht einmal die untersten Kompetenzstufen.

Wie viele Schritte zum Erwerb nachhaltigen Lernens notwendig sind, veranschaulicht ein Spruch, der dem Verhaltensforscher Lorenz zugeschrieben wird:

> Gesagt ist noch nicht gehört,
> gehört ist noch nicht verstanden,
> verstanden ist noch nicht einverstanden,
> einverstanden ist noch nicht angewendet,
> angewendet ist noch nicht beibehalten.

Schauen wir uns diesen Ausspruch deshalb noch einmal Zeile für Zeile an und überprüfen ihn auf seine Stichhaltigkeit – auch im Hinblick auf die bisherigen neuropsychologischen Erkenntnisse über erfolgreiche Lernprozesse.

Gesagt ist noch nicht gehört

Dass Schülerinnen und Schüler die verbale Botschaft ihrer Lehrenden nicht vernehmen, kann vielfältige Ursachen haben. Auf rein akustischer Ebene könnte es natürlich in der Klasse einfach zu laut sein. Besonders fehlhörige Kinder dürften bereits hier große Probleme haben, weil sie die Lehrerstimme nicht genügend aus anderen Geräuschquellen „heraushören" können und ihr Richtungshören zudem gestört ist. Auch eine monotone Stimmlage des Lehrenden und vernehmbares Desinteresse an den verkündeten Inhalten können bei Schülerinnen und Schülern dazu führen, dass sie mehr oder weniger schnell „abschalten" oder die „Ohren auf Durchzug stellen". Abgesehen davon wird so manche Lehrerbotschaft auch aus anderen Gründen ungehört vorbeirauschen. Sind für Kinder und Jugendliche zum Beispiel aktuell andere Botschaften von Mitschülern interessanter, relevanter oder positiver besetzt, so ist es nur eine Frage des Temperaments und des Willens, wie schnell sie dem jeweiligen Impuls nachgeben. Natürlich ist es auch möglich, dass die Kommunikation zwischen Lehrendem und Lernenden erschwert ist, weil die Art der Botschaft für die Hörenden nicht kompatibel ist oder nicht zügig genug verarbeitet werden kann. Dann fehlt es ganz schlicht an Zeit zum Nach- und Mitdenken für die Zuhörenden, vielleicht fehlt auch die Möglichkeit, sich Notizen zu machen.

Schwierig wird es, wenn die Sicherheit eines Schülers bedroht ist. So könnte es etwa sei, dass er eine Blamage durch den Lehrer oder durch Mitschüler fürchtet. Je stärker das Gefühl der Bedrohung erlebt wird und die Hilflosigkeit angesichts der Situation für das betreffende Kind wächst, desto stärker wird die Stressreaktion ausfallen. Die entsprechende Hormonausschüttung würde normalerweise den Körper zu Flucht, Angriff und Verteidigung befähigen, kann aber im Klassenraum in der Regel nicht so verwirklicht werden. Durch die hormonelle Lage sind aber gleichzeitig alle Denkprozesse höherer Ordnung gestört. Es kommt zu mehr oder weniger großen Denkblockaden, der „Tunnelblick" schränkt die Wahrnehmung erheblich ein (vgl. Rüdell 2002a). Fehlt Anerkennung und Respekt für die Lernenden, so wissen wir von Bauer (2002), dass Motivationssysteme abschalten. Auf diese Weise mag es zwar noch

2.2 Pädagogisch wünschenswert: vollständige und nachhaltige Lernprozesse

zum rein akustischen Wahrnehmen von Gesagtem kommen, aber die Fähigkeit zu einer wirklichen Informationsverarbeitung des Gehörten geht verloren.

Gehört ist noch nicht verstanden

Dieser Satz gilt natürlich gleichermaßen auch für Gelesenes, Gesehenes und praktische Vollzüge. Dass eine Information nicht ohne Weiteres vom Empfänger verstanden wird, liegt an der Art der menschlichen Informationsverarbeitung. Wie bereits ausgeführt, können Bedeutungen nicht vom Lehrenden auf den Lernenden direkt übertragen werden, sondern müssen vom Gehirn des Lernenden konstruiert werden. Diese Konstruktion ist individuell und ist, wie in den vorangegangenen Kapiteln diskutiert, beim Lernenden unter anderem abhängig von

- entsprechendem individuellen Vorwissen
- Basiskompetenzen und dem Grad ihrer Automatisierung (je komplexer die Aufgabenstellungen, desto sicherer müssen grundlegende Fähigkeiten zur Verfügung stehen)
- emotionaler Befindlichkeit und Motivation
- Aufmerksamkeit
- passenden oder unpassenden Kommunikationsmustern zwischen Sender und Empfänger und ausreichender Zeit für Verstehensprozesse

Bei fragend entwickelndem Unterricht benötigen Lernende zum Beispiel mindestens eine Zeitspanne von 5 Sekunden bis zur Antwort, um selbst nach- und mitdenken zu können. Frey et al. (1999) berichten über Untersuchungen zur gängigen Praxis des Unterrichts in deutschsprachigen Schulen. Mehr als zwei Drittel des Unterrichts wurden vom Lehrgespräch dominiert und im Schnitt wurden pro Stunde 40 bis 80 Fragen gestellt. Danach betrug die durchschnittliche Wartezeit bei Lehrenden nur 0,4 Sekunden (Frey et al 1999, S. 338). Allein Schülern mehr Zeit bis zu einer Antwort einzuräumen, würde selbstständiges Nachdenken und Verstehensleistungen fördern können. Aber auch wenn ich als Lehrerin oder Lehrer meine gesammelte Professionalität dazu benutze, Botschaften nach bestem Wissen so zu strukturieren, dass sie verstanden werden könnten, sollte ich die Reaktionen der Lernenden auf meine Darbietung gut beobachten. Es kann immer sein, dass ich zum Beispiel Vorwissen und emotionale Verfassung der Kinder falsch eingeschätzt habe. Wichtig bleibt es, ein Lernklima zu erzeugen, in dem entspannte Aufmerksamkeit möglich ist. Allerdings wäre es unrealistisch zu erwarten, dass meine Schülerinnen und Schüler alles genau so aufnehmen und speichern, wie ich es gesagt oder gedacht habe. Das ist aufgrund der individuellen Ausprägung der neuronalen Netzwerke in jedem Gehirn einfach nicht möglich. Genauere Aussagen zu neurowissenschaftlichen Vorgängen bei Verstehensprozessen können zurzeit wohl noch nicht gemacht werden. So schreibt Stern (2006, S. 85):

5 Sekunden zum Nachdenken geben!

> *„Gegenwärtig können wir Lernfortschritte nur mit Hilfe von Leistungsmessungen feststellen. Das macht aber gerade die Erforschung von sinnstiftendem Lernen so schwer. Diese Form von Lernen*

braucht Zeit, und der Durchbruch, das Aha-Erlebnis kommt so unverhofft, dass es nur in Ausnahmefällen der Beobachtung zugänglich ist. [...] Welche Aktivitäten sich dabei im Gehirn entfalten, bevor es zum Durchbruch kommt, gehört zu den spannenden Fragen der Zukunft."

Vollständige Lernprozesse, zu denen das Verstehen des Gelernten dazugehört, sind nominell erklärtes Ziel bei Richtlinien und Lehrplänen. Allerdings sieht die schulische Praxis doch oft anders aus. Dies wurde sogar von der Bildungskommission NRW in ihren Empfehlungen *Zukunft der Bildung – Schule der Zukunft* (1995) eingeräumt. Dort heißt es (Bildungskommission NRW 1995, S. 88):

„Obwohl vollständige Lernprozesse – von der Verständigung über Lern- und Entwicklungsziele bis zur Reflexion des Erarbeiteten im Hinblick auf das ursprüngliche Ziel – eine wesentliche Voraussetzung für den Erwerb von Lernkompetenz sind, ist das Nichtfertigwerden, das Abbrechen einzelner Phasen und Komponenten des Lernens in der Schulpraxis eher die Regel als die Ausnahme. Stoff- und Zeitdruck und ein enger Leistungsbegriff tragen dazu bei, dass sich schulisches Lernen auf einen schmalen Bereich des tatsächlich Möglichen und Sinnvollen reduziert."

Verstanden ist noch nicht einverstanden

Es ist nicht in allen Fällen notwendig, mit dem Gelernten einverstanden zu sein. Schließlich müssen wir viele Fakten oder auch Methoden lernen, bei denen unser Einverständnis gar nicht gefragt ist. Insofern hat dieser Satz nicht für alles Lernen Bedeutung. Wohl aber für nachhaltiges, anschlussfähiges Lernen und das kreative Lösen von Problemen. Ideen und Vorgehensweisen stehen uns nur dann sicher zur Verfügung, wenn sie uns „einleuchten", wir mit ihnen in gewissem Sinne einverstanden sind. Was ist nun dazu nötig? Einverständnis zeigt sich in der Regel dann, wenn neues Wissen und neue Erfahrungen zum eigenen bisherigen Wissens- und Erfahrungsschatz passen.

Gegen bestehende Überzeugungen ist man nur selten bereit, etwas Neues zu akzeptieren. Dies ist nur dann der Fall, wenn wir erkennen müssen, dass wir etwas auf eine neue Weise viel besser bewältigen können als auf eine althergebrachte. Der Erfolg wirkt dann überzeugend. Dies geschieht oft in Krisenzeiten, wenn wir erkennen, dass es so nicht weitergeht und neue Wege gesucht werden müssen. Manchmal bewegen uns also nur Versagen und ein entsprechender Leidensdruck dazu, alte Pfade zu verlassen. Manchmal sind es aber auch gute, begeisternde und erfolgreiche Vorbilder, die uns in eine neue Richtung führen. Gute Lehrerinnen und Lehrer, aber auch Mitschüler und Mitschülerinnen können diesen Effekt bei uns auslösen, unsere Motivationssysteme entfalten und unser Lernen beflügeln. Auf diese Weise können Lehrer für ihr Fachgebiet begeistern, Peers uns überzeugen, dass Anstrengungen sich lohnen und Herausforderungen angenommen werden können. In dieser Haltung erarbeitete Inhalte und Lernwege, Methoden und Strategien graben sich auf tiefere Weise ins Gedächtnis ein als mühsam und lustlos antrainiertes Faktenwissen zum Beispiel für eine Klassenarbeit oder Klausur.

Aber auch einmalige Schlüsselerlebnisse können entscheidend dazu beitragen, etwas urplötzlich intellektuell oder gefühlsmäßig zu verstehen und es zum Motor eigener Tätigkeiten werden zu lassen. Dazu lassen sich genügend Beispiele in der Literatur finden. Hier sei nur an Montessoris Schlüsselerlebnis mit einem dreijährigen Kind erinnert. Die Kleine war so in eine selbstgewählte Spiel- und Lernsituation versunken, dass sie durch keinerlei äußere Ablenkungen davon abzubringen war.

Einverstanden ist noch nicht angewendet

Von der Einsicht zur Anwendung ist bei einem Schlüsselerlebnis manchmal nur ein kurzer Weg. In der Regel dauert es meist länger oder die Anwendung unterbleibt ganz, wie viele unserer guten Neujahrs-Vorsätze beweisen. Ohne Anwendung aber bleibt ein Lernprozess unvollkommen. Arnold (2006) macht das in einem Aufsatz zum Thema. Sie ist der Meinung, dass Lernen aus der Umsetzung einer Information in Handlung in Form von Sprache, Planung, dem Setzen und Erreichen von Zielen notwendig ist und ein Lernprozess erst durch die praktische Umsetzung vollendet wird. Langfristige Speicherung, so Arnold, sei nur durch Aktion möglich.

Mit der Frage, wie träges Wissen in Handlungswissen umgesetzt werden kann, hat sich der Erziehungswissenschaftler Wahl (2006) intensiv auseinandergesetzt. Ohne praktische Anwendung von Gehörtem sieht er zum Beispiel keine Möglichkeit, dass ein Vortrag nennenswerte Auswirkungen hat. Deshalb plädiert er dafür, nach jeder Instruktionsphase eine Phase subjektiver Aneignung einzulegen. Er betont, dass Lernen in Handlungsvollzügen viele Sinneskanäle aktiviert und auf diese Weise später ein leichterer und schnellerer Abruf von einmal Gespeichertem gelingt.

Viele Reformpädagogen und Landschulheimerzieher legten größten Wert darauf, dass die Kinder ihr Wissen im praktischen Vollzug umsetzen. Auch bei Montessori war das Lernen durch Tun ein wichtiges Prinzip.

Angewendet ist noch nicht beibehalten

Aus der Gedächtnisforschung ist bekannt, dass implizites Wissen wesentlich schneller abrufbar ist als explizites Wissen. Damit uns etwas „in Fleisch und Blut übergeht" oder wir etwas „im Schlaf beherrschen" ist viel Übung nötig. Höchstleistungen entstehen nur durch ausdauerndes Training, bei dem die Methoden und Inhalte immer wieder den steigenden Fähigkeiten des zu Trainierenden angepasst werden. In der Hochbegabtenforschung spricht man von „Aptitude-Treatment-Interaction" (kurz ATI) (vgl. Heller/Perleth 2007, S. 146). Zur vollen Entfaltung von Leistungsexzellenz setzt man in der Regel einen Zeitraum von mindestens zehn Jahren intensiven Trainings an. Auch wenn keine Höchstleistungen in der Schule erreicht werden sollen oder können, wird dadurch deutlich, welchen Stellenwert und welches Ausmaß Übung und Training für das Lernen eigentlich haben sollten.

Neurowissenschaftlich betrachtet müssen neuronale Netze erst stabilisiert werden, bevor sie feste Anschlusspunkte für Neues bieten können. Basiskompetenzen müssen automatisiert werden, damit komplexere Aufgabenstellungen auf höheren Kompetenzstufen gelöst werden können. Dies gilt nicht nur für Musik, Kunst und Sport, sondern auch zum Beispiel für den Schriftspracherwerb und Fremdsprachen, aber auch für Mathematik und Naturwissenschaften. Implizites Wissen und Können ermöglicht einen flexiblen Umgang mit vorhandenem Wissen eines Gegenstandsbereiches. Genau das macht „intelligentes Wissen" aus.

2.3 Und so klappt es garantiert nicht – lernhemmende Faktoren

Eines dürfte im vorangegangenen Kapitel schon deutlich geworden sein: Lehren bewirkt nicht immer und automatisch Lernen. Allerdings gibt es einige Faktoren im Interaktions- und Kommunikationsprozess und in den schulischen Rahmenbedingungen, die sich als besonders wirksame Hemmschuhe für Lernprozesse herausstellen.

Nach den Zutaten für eine kleine „Giftküche" des Lernens aus ihrer Schulzeit befragt, hört man von Erwachsenen Lehrerausprüche wie „Wenn Dummheit prämiert würde!", „So was Blödes ist mir überhaupt noch nicht begegnet!", „Leere Fässer, lauter Schall!", „Von dir war ja auch nicht mehr zu erwarten!", „Ein blindes Huhn findet auch mal ein Korn!". Die Krönung bei Gymnasiasten bildet zumeist ein energisches „Du gehörst hier nicht hin!". Dann werden Rückgaberituale bei Klassenarbeiten geschildert, mit und ohne verbalen Kommentar, dafür aber mit umso mehr Mimik und Gestik, die Fünfer- und Sechserkandidaten schon mal das Blut in den Adern erstarren ließ. Sitzenbleiber erinnern sich an eine gefühllose oder beschämende Abfertigung, an peinliche Eltern-Lehrer-Schülergespräche. Man hört von Lehrern, die an einem Großteil der Schüler vorbeiunterrichteten und die nicht geneigt waren, wegen ihrer mangelnden Lernerfolge ihre Lehrweise zu überdenken, sondern stattdessen die ganze Klasse als dumm, faul oder vollkommen uninteressiert beschimpften. Jeder, der schon einmal selbst vor einer Klasse gestanden hat, weiß, dass es Situationen gibt, in denen man es einfach nicht mehr schafft, zugewandt und professionell zu reagieren. Schüler wissen das auch und nehmen ihren Lehrern solche situationsbezogenen einmaligen Entgleisungen in der Regel auch nicht übel. Wird daraus aber eine Grundhaltung und spürt man als Schüler diese Missachtung auf vielerlei Weise, so kann dies langfristige negative Folgen auf das Selbstbild der Lernenden haben. Wie oft hört man noch von Erwachsenen ein „Ich kann das einfach nicht! Das hat schon ... immer gesagt!" Oder eine jahrzehntelange Abneigung gegen bestimmte Fächer oder Fachgebiete ist zu beobachten: „Nie mehr lese ich deutsche Klassiker!" oder „Mathematik war für mich immer ein Buch mit sieben Siegeln!".

Manchmal ist aber auch von Trotz und Abwehr gegen Lehrpersonen die Rede. „Dem/der haben wir es aber gezeigt." In den seltensten Fällen folgt nun die Schilderung emsigen, selbstständigen Lernens, um zu demonstrieren, welches Fehlurteil ein Lehrender über die Kapazität seiner Schützlinge abgegeben hatte. Viel öfter ist dann die Rede von „Aufstand", selbst frech werden, Leistungen total verweigern nach dem Motto „Dann geben Sie uns doch allen eine Fünf!". Kränkende Äußerungen scheinen demnach eher zum Rückzug, zur Resignation oder zu Abwehrtrotz zu führen als dazu,

2.3 Und so klappt es garantiert nicht – lernhemmende Faktoren

Kinder „im Feld des Lernens zu halten" wie Roth (1961, S. 277 f.) es formulierte. Kaiser (2008), langjährige pädagogische Leiterin der Helene-Lange-Schule in Wiesbaden, thematisiert in ihrem Artikel „Demütigung als Machtmittel", warum Lehrerinnen und Lehrer sich relativ ungestraft kränkend äußern können. Sie haben selten negative Konsequenzen aus dem Kollegenkreis und von ihrem Schulleiter zu fürchten, auch nicht aus Elternkreisen oder von Mitschülern der Klasse. Dies wirft ein deutliches Licht auf unsere Gesellschaft. Bei uns gehört es, anders als etwa in Schweden, nicht zu einem gelebten demokratischen Schulethos, abfällige und disqualifizierende Bemerkungen über die Schüler zu unterlassen. Demütigung und Entmutigung sind weitgehend ein Tabuthema geblieben: Man weiß, dass es passiert, redet zwar manchmal darüber, aber schafft dennoch keine wirksame Abhilfe. Bei uns kann ein „Mit diesem Schülermaterial kann ich einfach nicht unterrichten!" durchaus ein eher beifälliges Nicken oder stilles Einverständnis statt Entrüstung im Lehrerzimmer hervorrufen.

Lerngift: Demütigung

Schüler, die in einem solchen Umfeld groß werden, verhalten sich oft ähnlich gegenüber ihren Mitschülern. Dazu ein Ergebnis des LBS-Kinderbarometers Deutschland (2007). Diese Studie untersuchte 6100 Schülerinnen und Schüler der Klassen 4–7 aus 7 strukturtypischen Bundesländern und allen Schulformen. Die Kinder wurden zu mehreren Schwerpunkten des kindlichen Lebens befragt – unter anderem zur Schule als sozialem Erlebnisraum. Ein Schwerpunkt war die Frage nach der Erfahrung von Bullying (Mobbing). Entsprechende Gefühle wurden bei den Opfern mehrheitlich durch Gehänselt-, Beleidigt- oder Bloßgestelltwerden ausgelöst. Nur 48 % aller befragten Kinder hatten in der Woche vor der Befragung keinerlei entsprechende Erfahrungen gemacht, mehr als die Hälfte der Kinder wurde also mindestens einmal gehänselt, beleidigt oder bloßgestellt. Etwa ein Fünftel aller Kinder insgesamt wurde ein- oder mehrmals in der Woche von ihren Lehrerinnen und Lehrern blamiert. Dabei wuchs die Zahl in den Schultypen der Sekundarschulen an: In der 4. Klasse hatten 86 % noch keine Erfahrungen damit gemacht, von Lehrenden bloßgestellt zu werden, in der 7. Klasse nur noch 76 %. Das Sich-blamiert-Fühlen senkte das Wohlbefinden der Kinder nachweisbar. 20 % aller Kinder, die blamiert worden waren, waren in der Regel sowohl vom Lehrpersonal als auch durch die Mitschüler bloßgestellt worden.

Lerngift: Mobbing

Interessant waren die Zusammenhänge zwischen Opfer- und Täterschaft. Unter den Kindern selbst stellten diejenigen, die häufiger gehänselt, beleidigt oder bloßgestellt wurden, auch ihrerseits andere Kinder bloß, beleidigten oder hänselten sie. Nur 2–4 % konnten zwar als starke Täterinnen und Täter beziehungsweise Opfer bezeichnet werden, weil sie Formen des Bullying mehr als zweimal in der Woche praktiziert oder erlitten hatten, aber 44 % aller Kinder waren mindestens einmal in der Woche entsprechend aktiv. Mit steigendem Alter bekannten sich mehr dazu. Es geht zumeist um das Benutzen von Schimpfwörtern, Ausgrenzen und Auslachen, zu einem geringen Prozentsatz auch um das Abwerten abweichender körperlicher Merkmale. Kinder von Arbeitslosen und Migranten sind etwas häufiger Opfer beziehungsweise Täter als deutsche Kinder aus Familien mit Vollbeschäftigung, Jungen waren häufiger vertreten als Mädchen. Wir haben bisher gesehen, wie nachhaltig kränkende Erfahrungen auf Lernende wirken und sie sogar zu ähnlichen Verhaltensweisen motivieren können.

Aber nicht nur negative soziale Erfahrungen, sondern auch kognitive Unter- oder Überforderung können dazu führen, dass Menschen in der Folge ihre vollen Lernkapazitäten nicht nutzen (können). Das Problem von „Underachievers" ist auch durch die Hochbegabtenforschung bekannter geworden. Kognitiv unterforderte hochbegabte Kinder leiden oft an Desinteresse und Langeweile. Ihre Frustration durch mangelnde Herausforderungen kann sich bis zur Leistungsverweigerung steigern. Prozentual mehr ins Gewicht fallen sicher Kinder, die aus einem anderen Grund nicht an ihr Limit kommen. Viele haben wirklich große Lernschwierigkeiten, aber einige könnte man eher als „lehrbehindert" denn als lernbehindert sehen. Das ist zum Beispiel dann der Fall, wenn Lehrende die Prinzipien der menschlichen Informationsverarbeitung außer Acht lassen.

Lerngift: Unterforderung oder Überforderung

Wann ist zum Beispiel ein ganz „normales" menschliches Arbeitsgedächtnis überlastet? Wie schon beschrieben, ist es lediglich in der Lage, 7 voneinander unabhängige Informationseinheiten (± 2) in wenigen Minuten zu verarbeiten. Bauen Informationseinheiten aufeinander auf, ist die Sachlage sehr komplex, so reicht es oft auch nur zur Verarbeitung von 2–3 Einheiten (Wellenreuther 2009, S. 10 ff.). Aus den Modellen zur Gedächtnisstruktur (vgl. Abb. 8, S. 32) wissen wir, dass das bereits zu einer Informationseinheit gespeicherte Vorwissen darüber entscheidet, ob mehr oder weniger behalten werden kann. Je geringer die Vorkenntnisse sind, desto weniger sind komplexe Lernschritte möglich – dies gilt für alle Arten von Kompetenzerwerb. Sind Basiskompetenzen nicht vorhanden oder nicht ausreichend und sicher eingeübt, so können komplexe Aufgabenstellungen nicht in angemessener Zeit bewältigt werden. Weniges zunächst einmal sicher zu beherrschen, ist mehr wert, als zu viel auf einmal aufnehmen und behalten zu müssen. Wird in Vermittlungsprozessen in der Schule die Kapazität menschlicher Arbeitsgedächtnisse nicht mitbedacht, so sind mangelhafte Fähigkeiten und Fertigkeiten als Resultat kein Wunder. Da der Adressat sich der Ursachen meist nicht bewusst ist, sucht er, je nach Temperament und bisher erworbener Bewältigungsstrategien, die Schuld bei sich oder bei den anderen. Kommen diese Frustrationen des Nicht-Verstehens und Nicht-Behaltenkönnens häufiger vor, kann allgemeine Schulangst entstehen.

Interessant sind in diesem Zusammenhang weitere Ergebnisse des LBS-Kinderbarometers (2007). Die Studie befragte die Viert- bis Siebtklässler auch zu ihren größten Ängsten. Rund ein Drittel von ihnen gab Angst vor Schulversagen an. Die Angst stieg mit dem Sekundarschulbesuch, also mit der Möglichkeit des Abstiegs von einer höheren zu einer niedrigeren Schulform: 41 % aller befragten Gymnasiasten, 37 % aller Realschüler, deutlich weniger Hauptschüler und nur 19 % der Grundschüler äußerten sich entsprechend. Dabei war die Versagensangst gleichmäßig verteilt bei beiden Geschlechtern, bei Kindern

Lerngift: Angst

mit und ohne Migrationshintergrund und bei Kindern Alleinerziehender und aus Vollfamilien. Nur als Tendenz, aber noch nicht signifikant, ließen sich Einflüsse der Versagensängste auf schulisches Wohlbefinden, Gesundheit (hier stressbedingte Kopfschmerzen) und das Gefühl, sich von den Lehrern vor der Klasse blamiert zu fühlen, nachweisen. Dass die Angst vor Schulversagen den höchsten Stellenwert unter allen möglichen Ängsten hatte, kann nachdenklich machen.

Damit wären wir beim institutionellen Effekt von lernhemmenden Faktoren. Wie bei der PISA-Studie nachgewiesen, ist das institutionelle Lernklima am Gymnasium stärker auf Herausforderungen und anspruchsvolle Aufgaben ausgerichtet als etwa bei vielen Hauptschulen. Auch wenn Schülerinnen und Schüler dort berechtigterweise die größte Angst vor dem Abstieg in eine niedrigere Schulform haben, so haben sie auf der anderen Seite doch viele Lernanreize durch leistungsstarke Mitschüler in einer Klasse. In vielen Hauptschulen finden sich dagegen nur alle diejenigen, die bereits nach der 4. Klasse aussortiert wurden und spätestens ab Klasse 7 auch Rückläufer aus Realschulen, zum Teil auch aus Gymnasien. Das Lernmilieu wirkt dann – besonders in sozialen Brennpunktschulen – wenig anregend.

„Wer ausschließlich mit den Schlechten lernt, lernt eben schlechter. Er bleibt auf Dauer in der Entwicklung seiner Fähigkeiten schon deswegen zurück, weil er sich ausschließlich in Gesellschaft weniger Leistungsstarker befindet. Ein begabter Schüler, der auf die Hauptschule wechselt, gerät binnen weniger Jahre gegenüber den Gymnasiasten derart ins Hintertreffen, dass er kaum in der Lage sein wird, die hohen Lernrückstände jemals wieder aufzuholen."

(Kloepfer 2008, S. 198)

Diese Aussage wird in Teilen unterstützt durch die PISA-Ergebnisse. Kein teilnehmendes Land hatte eine so hohe Streubreite und einen so hohen Leistungsabstand zwischen den 15-Jährigen wie Deutschland. Danach waren die 10 % der besten den 10 % der schlechtesten Schüler in ihren Kompetenzen um 6 Schuljahre voraus.

„Der ursprüngliche Gedanke, Schüler gleichen Niveaus ließen sich in homogenen Gruppen besser fördern, trifft womöglich für die Spitze der Leistungspyramide und deren Lehrer zu. Die haben es leicht. Für den unteren Teil der Leistungshierarchie aber hat das Sortieren geradezu fatale Auswirkungen. Da können sich Lehrer noch so sehr engagieren, gegen die soziale ‚Ausbildung' kommen sie nur in ganz wenigen Fällen an. In jenen Sozialisationsmilieus, in denen die vermeintlich Leistungsschwachen hängen bleiben, gerät Lernen ziemlich schnell zur Nebensache. Überleben wird wichtiger, seine Selbstachtung behalten, auf keinen Fall zum Opfer werden. Wenn das Lernen nicht mehr im Fokus steht, bleiben die Erfolge aus, und es beginnt der teuflische Kreislauf zwischen Misserfolg, Frustration und der Sehnsucht und Suche nach Anerkennung mit ganz anderen Mitteln."

(Kloepfer 2008, S. 198f.)

Der lernhemmende Effekt von Schulformen scheint sich also in Deutschland am stärksten bei den Schwächsten auszuwirken, die zudem noch die fachlich am kürzesten ausgebildeten Lehrerinnen und Lehrer haben. Nun sind aber Rahmenbedingungen des Lernens genau das, was wir auch aus neurowissenschaftlicher Sicht beeinflussen können. G. Roth (2006) macht deutlich, dass nicht nur individuelle Lernhandicaps und die persönlichen Lehrer-Schülerbeziehungen, sondern auch das gesamte institutionelle Lern- und Schulklima darüber entscheiden, ob Unterricht und Schulleben Lernen fördern oder behindern.

3 Eine BASIS-Philosophie für erfolgreiches Lernen in der Schule

Welche grundlegenden Gedanken sollten uns leiten, wenn wir in unseren Schulen eine Lernumgebung und Lernsituationen schaffen wollten, die im Sinne des lernenden Gehirns förderlich und nicht hemmend wirken? Welche Prioritäten müssten wir setzen? Was sollten wir unterlassen?

Wenn wir an dieser Stelle eine BASIS-Philosophie entwickeln, so ist damit nicht mehr und nicht weniger gemeint als die im angelsächsischen Sprachraum übliche „underlying basic philosophy". Wir machen uns Gedanken darüber, nach welchen Überzeugungen, Grundsätzen und Haltungen sich die Schule ausrichten müsste, um das Prädikat „lernfreundlich" zu erzielen. Mit Lernen ist hier sowohl kognitives als auch emotionales und soziales Lernen im Sinne eines nachhaltigen Kompetenzerwerbs gemeint. Neben dem ideellen Entwurf einer lernfreundlichen Schule im obigen Sinne soll auch immer die Suche nach geeigneten Beispielen aus der Praxis stehen, nach Kollegien, Schulleitungen und Schülerschaft, die Schulleben und Unterricht entsprechend gestaltet haben.

Neurowissenschaftliche Prämissen

Viele der pädagogischen Konsequenzen, die aus den neurowissenschaftlichen Erkenntnissen (vgl. Kapitel 2) zum Thema Lernen abgeleitet werden können, sind ja keineswegs grundsätzlich neu. Philosophen, Pädagogen und Psychologen sind auf ihren Gebieten zu vergleichbaren Ergebnissen gekommen, viele Lehrerinnen und Lehrer haben entsprechende Überlegungen angestellt und sie in ihrer Praxis verwirklicht. Allerdings bieten die forschungsbasierten neuronalen Daten nun den Vorteil, bestimmte pädagogische Vorstellungen durch naturwissenschaftlich überprüfbare Fakten untermauert zu wissen. Ein kurzer Rückblick auf die wichtigsten neurowissenschaftlichen Ergebnisse soll nun die Bausteine für unsere BASIS-Philosophie liefern.

- Ein anerkannter Platz in der menschlichen Gemeinschaft wirkt im höchsten Maße erstrebenswert, weil wir auf soziale Resonanz und Kooperation hin konstruierte Wesen sind. Beziehungen sind der Motor unseres Lebens.
- Lernsituationen, in denen große Angst und zu starke negative Stressoren dominieren, lösen das hormonelle „Panikorchester" aus. Dies führt zu eingeschränkten Lernmöglichkeiten, im schlimmsten Fall zum „Blackout". Das Gehirn programmiert den Körper auf Flucht, Angriff oder Verteidigung, wenn Leben oder soziale Stellung gefährdet sind. Allenfalls Assoziationslernen ($2 \times 2 = 4$, *König = king*) ist noch möglich, eine komplexere Denkleistung in der Regel nicht.
- Herausforderungen und anspruchsvolle Aufgaben wirken nur anregend und nicht überfordernd, wenn genügend emotionale und kognitive Sicherheit gegeben ist. Der Kompetenzerwerb wird dadurch erleichtert, dass Ziele, Inhalte und Methoden für die Lernenden mittelbar oder unmittelbar relevant, interessant und lohnend sind.

3 Eine BASIS-Philosophie für erfolgreiches Lernen in der Schule

- Informationsverarbeitung ist grundsätzlich ein aktiv-konstruktiver Prozess bei dem Vorwissen und bisherige emotionale und soziale Erfahrungen – häufig unbewusst – eine Rolle spielen. Sach- und Beziehungsebene sind beim Lernen nicht wirklich trennbar.
- Neuronale Wissensnetze entstehen durch explizite oder implizite Speicherung von Informationen im Langzeitgedächtnis. Neue Informationen werden mit bereits gespeicherten verglichen und dort „angedockt", oder bestehende Netze strukturieren sich durch Neulernen um. Wir speichern nicht nur Wissen, sondern auch immer Lernkontexte, motorische und emotionale Erfahrungen. Unsere neuronalen Netze sind daher individuell so unterschiedlich wie unsere Fingerabdrücke.
- Bei der Wahrnehmung wirken die Flaschenhalsstruktur des Arbeitsgedächtnisses und seine begrenzte Kapazität wie ein Filter. Mehr als 7 Informationseinheiten können durchschnittlich in wenigen Minuten nicht bewusst verarbeitet werden. Automatisierte Abläufe sind immer dann nötig, wenn Aufgabenstellungen komplex sind, wir brauchen „im Schlaf beherrschte" Basiskompetenzen, weil wir uns bei Problemlösungen bewusst nur einer Sache zuwenden können.
- Von der Wahrnehmung über das Verstehen zur Anwendung und zur Fähigkeit, automatisch etwas abrufen zu können, ist es ein langer Weg. Neuronale Netze brauchen Zeit, um sich zu konsolidieren.
- Wir unterscheiden uns zum Beispiel hinsichtlich unseres Lerntempos, unserer Lernstrategien, unserer Problemlösefähigkeiten, unseres Vorwissens und unserer Filter- und Bewertungsmechanismen.
- Erfolge und Belohnungen wirken auf unser Gehirn als angenehm empfundene „Dopaminduschen". Unser Gehirn liebt deswegen diesbezügliche „Wiederholungssendungen". Freiwilliges Üben ist in der Regel die natürliche Folge erfolgreich erlernter Fähigkeiten und Fertigkeiten.
- Authentisches Verhalten wird über die Körpersprache weitgehend unbewusst wahrgenommen und schafft bei Zugewandtheit Vertrauen.

Die fünf Forderungen der BASIS-Philosophie im Überblick

Aus diesen Fakten ergeben sich fünf Forderungen an eine Schule, die ihre Schülerinnen und Schüler effektiv beim Lernen unterstützen will. Zur BASIS-Philosophie einer lernfreundlichen Schule sollten folgende Grundsätze gehören:

- *B*eziehungen den Vorrang einräumen!
- *A*ktives Lernen im Unterricht ermöglichen!
- *S*icherheitsnetze für Lernprozesse aufspannen!
- *I*ndividuell fördern und fordern
- *S*tärken stärken und erfolgsorientiert arbeiten!

> Die erste Forderung: *Beziehungen den Vorrang einräumen!*
> Sowohl Lernumgebung als auch Lernsituationen sollten emotionale und soziale Sicherheit bieten. Dazu gehört ein Schul- und Lernklima des Vertrauens, das

von gegenseitigem Respekt geprägt ist. Kinder brauchen Anerkennung und Geborgenheit für ihre Entwicklung und für ein störungsfreies Lernen. Tragfähige und positive Beziehungen zwischen allen Mitgliedern der Schulgemeinschaft, von allen akzeptierte Regeln und Rituale für das gemeinschaftliche Leben und Lernen sind eine gute und notwendige Grundlage für Lernprozesse. Das Motto „Beziehung kommt vor Erziehung" (Largo/Beglinger 2009, S. 186) ist mithin der erste Grundbaustein unserer lernfreundlichen Schule.

Die zweite Forderung: *Aktives Lernen im Unterricht ermöglichen!*
Lernen ist ein aktiv-konstruktiver Prozess der Lernenden. Schülerinnen und Schüler müssen ausreichend Gelegenheit und Zeit im Unterricht bekommen, sich eigenaktiv mit Zielen, Inhalten und Methoden auseinanderzusetzen. Dies gilt nicht nur für offene Unterrichtsformen, sondern ganz besonders auch für den instruierenden Unterricht. Dort haben Phasen subjektiver Aneignung von Inhalten wichtige Vorteile: Lernende können da „andocken", wo sie stehen. Das individuelle Lerntempo und Vorwissen werden berücksichtigt. Lehrerinnen und Lehrer können in solchen Phasen zudem besser beobachten, wie Kinder vorgehen und welche Stärken und Schwächen sie zeigen.

Die dritte Forderung: *Sicherheitsnetze für Lernprozesse aufspannen!*
Herausfordernde und anspruchsvolle Aufgaben erfordern weitgehend automatisierte Basiskompetenzen. Lehrende müssen daher die Notwendigkeit des Übens bedenken. Eine ermutigende Grundhaltung ist für die Bewältigung von Misserfolgen wichtig und sorgt dafür, dass Schülerinnen und Schüler „im Feld des Lernens" (Roth 1961, S. 277 f.) bleiben können. Eine weitere Aufgabe ist der Erwerb wichtiger Lernstrategien. Ihre Anwendung sichert einen zeitsparenden und methodisch effektiven Zugang zu Lernprozessen und deren Kontrolle. Unmittelbare positive Feedbacks nach gelungenen Lernprozessen sind nötig, um die Erfolgszuversicht zu stärken. Auch eine veränderte Haltung gegenüber Fehlern ist nötig: Sie gehören zu Lernprozessen dazu und sind kein Grund für Beschämung.

Die vierte Forderung: *Individuell fördern und fordern!*
Wir wissen, dass die Gehirne unserer Kinder aufgrund ihrer bisherigen Erfahrungen individuell sehr verschieden vernetzt sind. Dies gilt es zu berücksichtigen; die individuell bestmögliche Entwicklung unserer Schülerinnen und Schüler sollte das Ziel der pädagogischen Arbeit sein. Bei selbstständigem und bei kooperativem Lernen treten die jeweiligen Eigenheiten eines Kindes offen zutage. Es ist leichter zu sehen, welche Art der Unterstutzung und Herausforderung ein Kind benötigt. Nicht jedes Kind braucht den gleichen Grad an Ermutigung im Lernprozess, nicht jedes kann das gleiche Anspruchsniveau erreichen. Wichtig ist, dass Kinder und Jugendliche mit ihren Lehrern an herausfor-

dernden Zielen arbeiten, die sie in die Zone der nächsten Entwicklung führen. Dazu gehört für die Lehrenden eine gute Kenntnis der Stärken und Schwächen des Kindes und ein detailliertes Wissen um mögliche Vermittlungswege, die sach- und kindgerecht zugleich sind und eine selbstständige Auseinandersetzung mit Inhalten und Methoden ermöglichen.

Die fünfte Forderung: *Stärken stärken und erfolgsorientiert arbeiten!*
In größerem Umfang als bisher üblich sollte das Augenmerk auf eine Entwicklung der Stärken eines Kindes gerichtet werden. Die hier vorhandenen Begabungen zu entwickeln, führt Kinder eher zum Erfolg als breitenwirksam nur am Ausgleich ihrer Schwächen zu arbeiten. Erfolgszuversicht und Interesse sind ein wichtiger Motor für nachhaltiges Weiterlernen. Allerdings stellen sich Erfolgserlebnisse und die entsprechenden Glücksgefühle durch Dopaminausschüttungen in der Regel nur bei Aufgaben ein, die eine echte Herausforderung bedeuten, Anstrengung und Durchhaltevermögen abverlangt haben. Das ist leichter dann gegeben, wenn uns Aufgaben wirklich interessieren und „uns liegen". Schulleben und Unterricht könnten und sollten hier genügend Betätigungsfelder zur Verfügung stellen.

Alle diese „Zutaten" unserer BASIS-Philosophie entfalten – wie bei einem guten Kochrezept – volle Wirkung erst gemeinsam. Jede für sich allein hätte durchaus Wirkung, aber erst in ihrer Gesamtheit dienen sie dem Kernstück pädagogischer Arbeit: eine positive Lernstruktur aufzubauen und zu erhalten. Auch wenn wir bisher hauptsächlich über neurowissenschaftliche Begründungen nachgedacht haben, soll an dieser Stelle noch einmal ein Erziehungswissenschaftler zu Wort kommen: H. Roth war, wie schon erwähnt, der Meinung, dass es vordringlichste Aufgabe des Lehrers sei, den Schüler „im Feld des Lernens zu halten". Nur dann habe der Lehrer die Garantie, dass „der Schüler sein Wissens- und Begabungspotential wirklich ausschöpft" (H. Roth 1957, S. 278).

In den folgenden Kapiteln sollen nun die einzelnen Forderungen näher erläutert werden. Welche Gebiete in der Schule wären betroffen, wie sähen Realisierungsmöglichkeiten aus? Wo finden wir in der Schulwirklichkeit schon gute Praxisbeispiele? Wo sind Widerstände? Beginnen wir mit unserer ersten Forderung.

3.1 Beziehungen den Vorrang einräumen

Warum es auf Beziehungen ankommt

„Beziehung kommt vor Erziehung", so formuliert es Largo (Largo/Beglinger 2009, S. 186). Er meint: „In der heutigen Pädagogik dominieren Fachwissen, Methodik und Didaktik. Doch ein Lehrer, der keine gute Beziehung zu seinem Schüler aufbauen kann, wird nie ein guter Lehrer sein" (S. 196). Als Grundvoraussetzung für eine kindgerechte Lehrtätigkeit sah das auch von Hentig (1993) in seinen „Minima Paedagogica". Schlichter formuliert: Man muss nicht nur sein Fachgebiet lieben, sondern auch Kinder gern haben. Diese Wertschätzung muss für ein Kind glaubwürdig sein und spürbar über der Beurteilung von Leistung und Verhalten stehen (Largo/Beglinger 2009, S. 107). Die Parallele zur Neurowissenschaft ist deutlich: Ein anerkannter Platz in der Gemeinschaft vermindert die Gefahr, dass im Gehirn ein hormonelles „Panikorchester" mit allen Negativfolgen fürs Lernen spielt.

Largo führt die geforderte Priorität von positiven Beziehungen in der Schule eher auf die Ergebnisse der Bindungsforschung zurück. Bowlby (1995) und Ainsworth et al. (1978), bedeutende Wissenschaftler auf diesem Gebiet, beschrieben Bindung (attachment) als affektives, gefühlsgetragenes Band. Es entsteht früh zwischen dem kleinen Kind und seinen ersten Bezugspersonen, besonders der Mutter. Empirisch wurde frühes Bindungsverhalten in der ganzen Welt in der sogenannten „Fremden Situation" untersucht. Fremde trennen kurzfristig Mütter und ihre einjährigen Kinder in einer Spielsituation. Sicher gebundene Kinder suchen nach Trennungsende zunächst Trost bei ihrer Mutter, lassen sich zum Beispiel auf den Arm nehmen und wenden sich dann nach einiger Zeit beruhigt wieder dem Spielen zu. Für unsicher vermeidend gebundene Kinder stellen ihre Mütter keine sichere Basis mehr da, sie spielen trotz messbarer innerer Erregung einfach weiter. Unsicher ambivalente Kinder bewegen sich zwar auf ihre Mütter zu, können aber von ihnen nicht beruhigt werden. Das Verhalten zeigt erste interne mentale Repräsentationen von Bindungsbeziehungen in der Form von „Erwartungen an andere Personen und Strategien für eigenes Verhalten gegenüber neuen Personen, die für Gefühle des Vertrauens, der Sicherheit und des Wohlbefindens wichtig sind" (Gloger-Tippelt/Hofmann 1997, S. 163). Largo ist der Meinung, das Kind erwarte bei Schuleintritt, „dass es von den Lehrern vorbehaltlos angenommen wird, von ihnen lernen kann und Hilfe bekommt" (Largo/Beglinger 2009, S. 186). Das Gefühl von Zugehörigkeit auch in der Schule beibehalten zu können, müsse also die Basis jeder Schularbeit sein. Interessant sind die Ergebnisse der Bindungsforschung auch hinsichtlich der Faktoren, die Bezugspersonen dazu befähigen, eine sichere Bindung zu ihren Kindern herzustellen. Dazu zählen neben Feinfühligkeit in Bezug auf die Bedürfnisse des Kindes auch die Fähigkeit, angemessen und prompt darauf zu reagieren und eine warme und akzeptierende Grundhaltung zu zeigen.

Wege zur Verbesserung des Schulklimas
Nun ist das Herstellen positiver Beziehungen nicht gerade ein Kernthema in der Aus- und Fortbildung von Lehrern, wie auch Miller (1997) und von Hentig (1993) bemerken. Ein Versuch dazu wurde in den 1980er Jahren von Betz und Breuninger (1982) gestartet. Für beide Autoren war Beziehungsfähigkeit eine Basiskompetenz für Lehrende, die den Erfolg ihrer pädagogischen Bemühungen weitgehend beeinflusst. Breuninger (1980) beschrieb in ihrer Dissertation mit dem Titel *Lernziel: Beziehungsfähigkeit* eine entsprechende Ausbildung von Lehramtstudierenden. Empirische Untersuchungen in den letzten 15 Jahren konnten den Einfluss von positiven Beziehungen auf Lernerfolge mehrfach belegen.

3 Eine BASIS-Philosophie für erfolgreiches Lernen in der Schule

Eine englische Studie (Hay McBer 2000) befasste sich mit Faktoren, die den Unterricht, die Haltungen und Fähigkeiten von erfolgreichen Lehrerinnen und Lehrern auszeichneten. Ihre Schülerinnen und Schüler hatten in einem Schuljahr besonders große Lernfortschritte gemacht. Es stellte sich heraus, dass sich diese Lehrerinnen und Lehrer hinsichtlich der Ausprägung unterrichtlicher und professioneller Einstellungen und Fähigkeiten (teaching und professional skills) deutlich von weniger effektiven Kolleginnen und Kollegen unterschieden. Ihre Haltung und Unterrichtsmethoden waren geprägt von einem großen Zutrauen in die Fähigkeiten ihrer Schülerinnen und Schüler und von der Wichtigkeit, die sie einer von Vertrauen getragenen Beziehung beimaßen. Sie zeigten großen Respekt für die jeweilige Eigenart der ihnen anvertrauten Kinder.

Sehen Sie sich selbst die Faktoren an, die nach Hay McBer (2000, S. 26) das Lernklima im Klassenraum beeinflussen und zum Lernerfolg von Schülerinnen und Schülern effektiv beitragen. Etwas mehr als die Hälfte hat direkt oder indirekt mit positiven Beziehungen als Grundlage von erfolgreichem Lernen zu tun. Erfolgreiche Lehrerinnen und Lehrer sorgen für:

- Klarheit über den Zweck jeder Stunde
- Ordnung, Disziplin und gutes Benehmen im Klassenraum
- klare Verhaltens- und Leistungsstandards, die eher hohe als niedrige Erwartungen ausdrücken
- Fairness und Gerechtigkeit in der Behandlung der Klasse
- viele Möglichkeiten zu eigenen Aktivitäten im Unterricht
- emotionale Unterstützung im Lernprozess, Ermutigung, Neues zu probieren und aus Fehlern zu lernen
- ein Gefühl von Sicherheit im Klassenraum (durch Nichtzulassen von Mobbing oder anderen Angst auslösenden Faktoren)
- Interesse und Stimulation zu lernen
- Wohlbefinden in einer gut strukturierten, sauberen und attraktiven räumlichen Umgebung

Brägger und Posse (2007, S. 120) haben unter anderem die von Weinert (1996) und Helmke (2003) im deutschsprachigen Raum ermittelten Fakten zur erfolgreichen Klassenführung genutzt, um in ihrem Handbuch zur Unterrichtsentwicklung und Evaluation von Schulen (IQES) ebenfalls Punkte für ein umsichtiges, Gesundheit und Wohlbefinden förderndes Klassenmanagement aufzuführen. Auch hier spielen die Vorbereitung des Klassenraums, das Unterbinden unangemessenen Schülerverhaltens und viele Aktivitäten zur Gemeinschaftsförderung eine wichtige Rolle.

Respekt und klare Beziehungsstrukturen

Positive und tragfähige Beziehungen bilden die Grundlage für eine gemeinschaftlich gefundene und akzeptierte Ordnung im Klassenraum, die zum Wohlbefinden und zur Sicherheit, zu klaren Verhaltensstandards, zur Gemeinschaftsförderung und Fairness beitragen. Respekt und Anerkennung sind die tragenden Pfeiler. Peter Ustinov brachte es einmal auf den Punkt. Von einem Schüler gefragt, was er für das Wichtigste in der Schule halte, antwortete er (vgl. Rüdell 2005): „Respekt! Respekt der Schüler vor den Lehrern, der Lehrer vor den Schülern und Respekt auch untereinander!", und er fügte lächelnd hinzu: „Weißt du, in der Bibel steht ja ‚Liebe deinen Nächsten', aber wer das geschrieben hat, der hat meine Nachbarn nicht gekannt! Respekt reicht!"

Leider ist eine solche Schulkultur nach Studien von Krumm (1999), Prengel (2005) und Schmitz et al. (2006) vielfach noch keine gelebte Realität. Die Autoren stellen fest, dass in Schulen beides, sowohl anerkennendes als auch (in erstaunlich hohem Umfang) missachtendes Verhalten zu finden ist, von Schüler-, aber auch von Lehrerseite (Prengel 2008). Wie wichtig für eine Schule klare, positive Beziehungsstrukturen sind, stellte sich bereits in den 1980er Jahren bei empirischen Untersuchungen von Fend, Bargel und Steffens zur Qualität von Schule im bundesrepublikanischen Raum heraus. In Fallstudien (vgl. Bargel/Steffens 1987) kam zum Ausdruck, dass gute Schulen klare Beziehungsstrukturen als Grundlage haben:

> *„Eine – wenn nicht sogar die – Schlüsselvariable für eine gute Schule – und dies ist ein recht gut abgesichertes Ergebnis – muß darin gesehen werden, wie eine Schule zu ihren Schülern steht [...] Dabei wurden solche Schulen als erfolgreich identifiziert, in denen Lehrer optimistische Erwartungen hinsichtlich der Fähigkeiten und des schulischen Weiterkommens der Schüler hatten, in denen es den Lehrern nicht gleichgültig war, wie die Schüler abschnitten, und in denen die Lehrer den Schülern etwas zutrauten, sie ernst nahmen und auch eine Selbstverpflichtung insbesondere für die Leistungsergebnisse der Schüler übernahmen."* (Bargel/Steffens 1987, Heft 1, S. 43)

Vertrauen und Zuwendung erzeugen selbst Vertrauen und Zuwendung, ein Punkt, den auch Largo (Largo/Beglinger 2009) immer wieder betont. Nicht nur er, sondern auch Prengel (2008) weist darauf hin, dass zum einen ein besseres Sozialverhalten der Schülerinnen und Schüler die Folge ist, aber auch ein verbessertes kognitiv-fachliches Lernen. Gute Beispiele findet man noch nicht flächendeckend, aber doch in vielen Schulen Deutschlands. Diese Schulen zeichnen sich nicht nur durch eine entsprechende Beziehungskultur, sondern auch durch ein lernfreundliches Schulklima und durch gute Leistungen ihrer Schülerschaft aus. In den Praxis-Tipps wird am Beispiel zweier Gesamtschulen gezeigt, wie man in der Schule ein lernfreundliches Klima schaffen und die sozialen Kompetenzen der Schülerinnen und Schüler stärken kann.

Alle Bemühungen, ein gutes Schulklima zu schaffen und auch die Weiterentwicklung der sozialen und emotionalen Fähigkeiten der Schülerinnen und Schüler zu unterstützen, erfordern im herkömmlichen System zunächst ein zusätzliches Engagement der Lehrenden. Sozialpädagogen und Schulpsychologen stehen selten zur Verfügung, und Lehrerinnen und Lehrer sind für diese Aufgabe nicht oder kaum professionell vorbereitet worden. Lehrende begeben sich also auf ein ungewohntes, neues Gebiet und in einen relativ langen Learning-by-doing-Prozess, oft mit zunächst ungewissem Ausgang. Zumeist sind die Beteiligten nach einiger Zeit vom Nutzen so überzeugt, dass sie freiwillig zusätzlich Arbeitskraft und -zeit einsetzen. Es lohne sich anzufangen, denn gute Beziehungen, so versichern alle Kollegien, die sich auf den Weg gemacht haben, erleichtern die Unterrichtsarbeit ungemein.

PRAXIS-TIPP
Auf dem Weg zu einem guten Schulklima

Das Motto: „Langsam – leise – freundlich – friedlich"
Das Motto der 2006 mit dem Schulpreis geehrten Offenen Schule Kassel-Waldau, einer hessischen Gesamtschule mit den Klassenstufen 5 bis 10, entstand vor mehr als 20 Jahren. Es wird im Schulleben für jeden spürbar, der die Schule früh morgens besucht. Obwohl beim offenen Anfang um 7.30 Uhr schon viele Schüler und Schülerinnen im Gebäude anwesend sind und sich bis zum Unterrichtsbeginn (für die unteren Klassen um 8.45 Uhr) teils selbst still beschäftigen oder miteinander reden und spielen, herrscht hier eine auffällige und sehr angenehme Ruhe. Die Anwesenden sind leise und gehen freundlich miteinander um. Schreien, wildes Toben und Herumrennen sind tabu. Das ändert sich auch nicht während der normalen Pausen und bei Lehrerwechsel im Klassenraum. Im Unterricht bleibt die Atmosphäre konzentriert, aber entspannt.

Dieses wohltuende Klima verdankt seine Entstehung den erfolgreichen Bemühungen der Kolleginnen und Kollegen des ersten Jahrgangsteams dieser Schule. Sie setzten sich gemeinsam für zunächst geringfügig erscheinende Dinge im Schulleben ein: langsames Laufen und Gehen im Gebäude. Schülerinnen und Schüler, die zu schnell rannten, wurden sanft, aber bestimmt an die erwünschte Gehweise erinnert. Engländer würden das „tough caring" nennen. Auch lautes Schreien wurde von allen freundlich, aber nachdrücklich als unerwünscht erklärt.

Diese Arbeit war zäh und konnte nur durch den gemeinsamen Willen aller Kolleginnen und Kollegen und konsequente Anwendung im Alltag ins tägliche Schulleben integriert werden. Viele weitere Rituale und Gewohnheiten – etwa der tägliche 15-minütige Morgenkreis, der freitägliche Klassenrat und bestimmte gemeinsame Absprachen für den Unterricht – haben dazu beigetragen, einen hohen Grad an Selbstbeteiligung und Selbstverantwortung der Schülerinnen und Schüler zuwege zu bringen.

Oft sind es ja nur die kleinen Dinge des Alltags, deren Veränderung große Wirkungen auf das Lernklima haben. Vieles scheinbar Geringfügige zählt dazu: zum Beispiel Schülerinnen und Schüler sobald wie möglich beim Namen nennen zu können, sie freundlich zu begrüßen, ihre Zugehörigkeit zur Klasse oder zur Schule mit Fotos an der Klassentür oder im Foyer zu dokumentieren oder Geburtstage zur Kenntnis zu nehmen. Klassen können auf Jahrgangsebene miteinander feiern, ältere Schüler Lernpartner für jüngere oder auch Streitschlichter sein. Rituale erleichtern Unterrichtsabläufe, Ganztage brauchen eine Rhythmisierung. Das tägliche Wohlbefinden im Klassenraum hat nichts mit „Kuschelpädagogik" zu tun, sondern ist eine notwendige, leistungsfördernde Grundlage für menschliches Lernen.

Beratungsgespräche mit den Eltern

Um gute, lernförderliche Beziehungen nicht nur zwischen Schülern und Lehrern, sondern auch zu den Eltern herzustellen, hat die Schule halbjährliche Beratungsgespräche institutionalisiert. Obwohl die Lehrer für diese jeweils 20- bis 30-minütigen Gespräche zusätzliche Zeit aufbringen müssen, zahlt sich das nach ihrer Meinung gut aus.

In den Elterngesprächen wird zunächst eine Bilanz für das vergangene Halbjahr gezogen, dann werden gemeinsam von beiden Klassenlehrern, den einzelnen Schülern und ihren Eltern Ziele und Vereinbarungen für das nächste Halbjahr getroffen. Dieser Austausch ist sehr persönlich, Lehrerinnen und Lehrer benutzen diese Gelegenheit regelmäßig, um zunächst die Stärken und Fortschritte der Kinder auf unterschiedlichen Gebieten anzusprechen.

Diese Haltung hat nicht zuletzt dazu geführt, „dass die Familien die Beratungsgespräche als besondere Form der Wertschätzung wahrnehmen" (Frohnapfel 2009, S. 21) und dass wirklich alle Eltern – auch die aus einem sozialen Brennpunkt mit hohem Migrantenanteil stammenden – mit ihren Kindern erscheinen. Natürlich wird auch über mangelnde Leistungen gesprochen. Bei den Verbesserungsmöglichkeiten wird aber darauf geachtet, dass Ziele aus eigener Kraft mit vorhandenen Ressourcen realisiert werden können. Erst wenn allen Beteiligten klar ist, welchen Beitrag genau sie zur Zielerreichung leisten können und wollen, wird das Gespräch beendet. Anerkennung und Respekt vor der jeweiligen Realität sind hier gepaart mit einem angemessenen Leistungsanspruch.

Diese Elterngespräche dienen der Schule auch als sinnvoller Ersatz für Kopfnoten. Vor den Zeugniskonferenzen werden Erhebungsbögen ausgelegt, die vom Kollegium selbst immer weiterentwickelt und verfeinert wurden. Sie enthalten viele Unterpunkte, die für positive Beziehungen in der Schule wichtig sind, zum Beispiel Fairness, Konfliktfähigkeit, Teamarbeit, Selbstständigkeit, Einhalten von Regeln und Absprachen und Verantwortung für die Klasse.

3 Eine BASIS-Philosophie für erfolgreiches Lernen in der Schule

PRAXIS-TIPP
Stärkung sozialer Kompetenzen im Klassenverband

An der Peter-Ustinov-Gesamtschule Monheim mit den Klassenstufen 1 bis 13 wurde bereits Ende der 1980er Jahre ein Kleingruppentraining entwickelt, um Kinder im 5. Schuljahr dabei zu unterstützen, besser miteinander auszukommen und zu lernen. Dieses Training wurde im Laufe der Jahre weiterentwickelt und mit zwei Wochenstunden pro Klasse von interessierten Lehrern praktiziert, größtenteils parallel zu Freiarbeitsstunden. 2005 wurde die Arbeit von einer neu hinzugekommenen Sozialpädagogin übernommen. Sie unterstützt heute zunächst die jeweiligen Klassenlehrer in der Schuleingangsphase. Gemeinsam wird dafür gesorgt, dass Schülerinnen und Schüler mit den Gegebenheiten der neuen Schule vertraut werden: mit dem veränderten Tagesablauf im Ganztagsbetrieb, mit der Orientierung im Schulgebäude, mit der neuen Klassengemeinschaft. Anschließend beginnt das Training von kleinen Gruppen. Bei einer Klassengröße von 30 Kindern sind die einzelnen Kleingruppen (bestehend aus 5–6 Kindern, die am selben Tisch oder nahe beieinander sitzen) etwa im Drei-Wochen-Rhythmus „dran". Hier eine kurze Übersicht über die „Basisrunden" des Trainings, die durch individuell auf die Klasse abgestimmte Schwerpunktrunden und aktuelle Problemlöse- und Konfliktrunden ergänzt wurden (vgl. Rüdell 2002b):

Zufriedenheitsrunde – oder auch: „Meine Schokoladenseiten"
Die erste Runde dient dazu, die positiven Seiten der Kinder (aus Sicht ihrer Mitschüler) deutlich zu machen. Jeder Einzelne steht sozusagen „unter der warmen Dusche", denn als Eingangsfragen an die Mitschüler dienen: Was finde ich gut an N.N.? Was gefällt mir an N.N.? So erhalten alle entweder mündlich oder auch schriftlich (in Form kleiner Satzgeschenke) nur positives Feedback.
Bemerkenswert in dieser Runde blieb für die Kollegen und später für die Sozialpädagogin, dass einige Kinder in dieser Runde sehr verlegen reagierten. Sie waren es scheinbar nicht gewohnt, anderen etwas Positives zu sagen. Auch die Lehrerinnen und Lehrer selbst hatten anfänglich Mühe damit, diese Runde an den Beginn des Trainings zu stellen. Es war ihnen offensichtlich in Fleisch und Blut übergegangen, die Arbeit an den Schwächen und Defiziten als ihre vordringlichste Aufgabe zu betrachten. Die glücklichen Kindergesichter nach dieser „Schokoladenseiten"-Runde überzeugten die Lehrenden dann vom Gegenteil.

Problem- und Verbesserungsrunde: „Meine Igelseiten – und was ich besser machen kann"
Die zweite (Doppel-)Runde soll dazu dienen, Probleme im Zusammensein und Zusammenarbeiten deutlich zu machen und diese so selbstständig wie möglich von den Kindern lösen zu lassen. Zu Beginn erfragt daher die Trainerin, was noch nicht so gut bei jedem Einzelnen läuft und was jeden selbst oder auch die Gruppe an erfolgreicher Mitarbeit hindert. Danach wird dann jeder gebeten, über sein eigenes Problemverhalten – seine „Igelseiten" – nachzudenken. So genau wie möglich soll gesagt werden, wann, wie häufig und wie stark ein störendes Verhalten sich bemerkbar macht. Es ist wichtig, dass jeder Einzelne in dieser Runde zunächst selbst seine von ihm vermuteten Probleme benennt, bevor die anderen dazu ihre Meinung äußern.

Um die Schüler aus dieser Runde nicht mit negativen Gefühlen herausgehen zu lassen, wurde nach den ersten Erfahrungen direkt an die Problemrunde die Verbesserungsrunde angeschlossen. „Was könntest du tun, wenn du dein Verhalten verändern möchtest?", fragten wir. Erst wenn der Betreffende selbst keine (oder keine für die anderen akzeptable) Lösung fand, durften die Mitschüler Vorschläge machen. Ebenso durfte sich jedes Kind für seine geplanten neuen Verhaltensweisen Unterstützung aus der Gruppe erbitten. Sowohl die Planung als auch die Realisation erwies sich für verhaltensschwierige Kinder als großes Problem. Häufig versprachen sie entweder „das Blaue vom Himmel" oder sie setzten sich viel zu leichte Ziele, die keine wirkliche Veränderung bedeutet hätten. Hier erwies sich das Gespräch mit der Gruppe als hilfreich.

Kontrollrunde: „Was ich schon erreicht habe"
In der dritten Runde ging es um die Reflexion der bisherigen Veränderung. Auch in dieser Runde kommen alle zunächst selbst zu Wort, sie erzählen, was sie schon erreicht haben und was noch nicht. Danach wird die Meinung der anderen eingeholt. Dabei werden nur konkrete Beobachtungen zugelassen, keine Werturteile ohne Begründungen. Äußerungen der Mitschüler zu weiter bestehenden schwierigen Verhaltensweisen sollen beginnen mit: „Ich wünsche mir von dir ..." Abschließend werden entweder Nachbesserungsmöglichkeiten oder – falls alles erfolgreich verlaufen ist – neu zu erreichende Ziele vereinbart.
Im Training erwiesen sich Ziele, die in etwa drei Wochen erreichbar waren, als optimal.

„Wir-tun-uns-was-Gutes-Runde"
In einer vierten Runde ging es darum, sich gemeinsam eine Freude zu machen und sich noch anders kennenzulernen als im Unterricht. Je nach Fähigkeiten und Wünschen von Schülerinnen und Lehrern wird eine möglichst unterrichtsfremde Stunde organisiert: etwa zur Advents- oder Weihnachtszeit basteln, Plätzchen backen, kochen und essen, sich Spiele ausdenken, gemeinsam außer der Reihe schwimmen gehen, etwas Schönes malen – all das und mehr steht auf dem Programm. Alle Aktivitäten, bei denen sonst vielleicht im Unterricht nicht so „gute" Kinder einmal „glänzen" können, helfen beim Aufbau einer guten Gruppenatmosphäre mit gegenseitigem Respekt.

„Wir-tun-was-Gutes-für-die-Klasse-Runde"
In der fünften Runde ging es darum, sich für die ganze Klasse einzusetzen und ein Gemeinschaftserlebnis selbstständig zu initiieren. Je nach Jahreszeit und Gelegenheit bereitet eine Tischgruppe so selbstständig wie möglich einen eigenen Beitrag vor und führt ihn aus, etwa für eine Weihnachtsfeier, Karnevalsfeier, ein Frühlings-, Sommer- oder Herbstfest oder einen Jugendherbergsaufenthalt. Die Gruppe erklärt sich beispielsweise als zuständig dafür, den Raum zu schmücken, Einladungen zu schreiben, Tische zu decken und eine Vorführung oder einen Vortrag zu gestalten. Es können auch Geburtstagskalender oder extra große Stundenpläne für die Klasse gestaltet werden.

3.2 Aktives Lernen im Unterricht ermöglichen

Lernen ist aus neurowissenschaftlicher Sicht immer ein aktiv-konstruierender Prozess der Lernenden. Die Realität in unseren Schulen entspricht dem jedoch häufig nicht. Lange Zeit war der Fokus des Unterrichts mehr auf die fachlichen Inhalte gerichtet – auf das Stoffpensum in den Lehrplänen. Es ist gerade erst fünf Jahre her, dass von offizieller Seite diese „Inputorientierung" einer „Outputorientierung" gewichen ist. Die Kultusminister beschlossen bundeseinheitlich Bildungsstandards. In den Ländern wurden Kerncurricula und Kompetenzstufen entwickelt. Die vorwiegende Ausrichtung an überprüfbaren Kompetenzen seitens der Schülerinnen und Schüler war so etwas wie ein Paradigmenwechsel. Natürlich wurden nicht nur die Lehrinhalte, sondern auch die Vermittlungsprozesse in der Praxis seit jeher mitbedacht, doch ihre Effektivität wurde in der Regel keinem amtlichen Nachweis unterzogen. Schulinterne und landesweite Evaluationen gab es nicht oder nur in sehr geringem Umfang. Schlechte Schülerleistungen konnten auch allein mit der Unfähigkeit und Unwilligkeit von Schülern begründet werden, die angewandten Lehrweisen standen selten auf dem Prüfstand. TIMMS, PISA und IGLU änderten das. Es waren die ersten internationalen Studien zum Kompetenzerwerb von Schülerinnen und Schülern, an denen Deutschland – nach mindestens 30-jähriger Abstinenz – wieder teilnahm. Daher gab es lange Jahre wenig forschungsbasierte Evidenz für Leistungsexzellenz und Leistungsversagen und alle Leistungen, die dazwischen liegen.

Aktives Lernen und nachhaltiger Kompetenzerwerb
Vergleichsstudien zum Leistungsstand geben Auskunft über die Ergebnisse, aber wenig Aufschluss darüber, wie diese zu verbessern wären. Befragen wir also die neuere Unterrichtsforschung zu den Faktoren, die aktives, nachhaltiges Lernen im Sinne des größtmöglichen Kompetenzerwerbs fördern könnten. Welches Lernarrangement erlaubt es, passend zur jeweiligen Lernsituation des Kindes für einen möglichst großen Kompetenzaufbau zu sorgen, und das auch noch in einer heterogenen Klasse? Welche Rahmenbedingungen können wir setzen, um Kindern einen Anreiz zum Lernen anzubieten? Wie können Kinder und Jugendliche aktiv Lernwiderstände überwinden, sich anspruchsvollen Aufgaben stellen und diese auch durchhalten? Das sind in der Regel die kritischen Momente in Lernsituationen, die alle kennen: einen guten Anfang finden, bei den ersten Schwierigkeiten und Fehlversuchen nicht aufgeben, nicht vorschnell zufrieden sein und so lange üben, bis eine gute und nachhaltige Kompetenz erreicht ist. Kinder wissen sehr genau um diese Stolpersteine und inneren Widerstände. Gefragt, wie denn erfolgreiches Lernen bei ihnen abgelaufen sei, schilderten Fünftklässler zwar unterschiedliche Lernanreize, aber der Weg zum Erfolg war überwiegend mit mehr oder weniger kleinen Schwierigkeiten gepflastert, mehr oder weniger auch mit der Überwindung von Angst. Erfolg, so die einhellige Meinung, stellte sich nur ein, wenn man nicht aufgab und einfach weitermachte (vgl. Rüdell 2002b, S. 38).

Wie Lernen auf Schülerebene unter Berücksichtigung der bisherigen Erkenntnisse auf den einzelnen Stationen eines Lernweges sinnvoll angeregt werden kann, soll im Folgenden dargestellt werden.

In der Anfangsphase sind mehrere Gesichtspunkte wichtig. Aus eher kognitiver Sicht ist hier die Aktivierung von Vorwissen gefragt, um dem Gehirn Anknüpfungspunkte für neues Wissen anzubieten. Eine Zielangabe und eine Übersicht über die vermutlichen Stationen des Lernwegs dienen der Ausrichtung auf die gewünschten Tätigkeiten und sind als Strukturierungshilfe wichtig. Wir Menschen sind zwar neugierig, ziehen es aber in der Regel vor zu wissen, wo die Reise hingehen soll und was dabei von uns zu tun ist.

Den richtigen Anfang machen

Aus eher emotionaler Sicht geht es darum, Interesse und Begeisterung für den Lerngegenstand zu wecken, das Lohnenswerte herauszustellen und zugleich den Lernenden Zuversicht zu vermitteln, dass sie dem Lernweg gewachsen sind. Dazu ist es hier wie auch in den kommenden Lernphasen wichtig, dass sich Lehrer vergewissern, ob Kinder ausreichende Basiskompetenzen haben, sonst sind sie „automatisch" überfordert. Wie in Kapitel 2 deutlich wurde, haben Kognitionen und Emotionen zwar unterschiedliche Verarbeitungsbahnen, Speicher- beziehungsweise Abrufmodalitäten im Gehirn, werden aber in Bruchteilen von Sekunden vernetzt, sodass wir davon ausgehen können, dass kognitive oder emotionale Unterstützung nur gemeinsam eine lernförderliche Wirkung entfalten.

Wenn der Anfang erfolgreich gemacht ist, geht es aus pädagogischer Sicht um eine Verankerung von Wissen und Können im Langzeitgedächtnis. Das Ziel nachhaltigen Lernens gilt für alle Unterrichtsformen, ist aber ohne Eigenaktivität der Lernenden in der Regel nicht erreichbar. Grob einteilen lassen sich Unterrichtsformen danach, ob Lernprozesse eher vom Lehrer gesteuert werden oder ob Schüler das Steuer selbst in die Hand nehmen. Wir unterscheiden zwischen direkter Instruktion, also direkter Lenkung durch den Lehrer, und offenen Unterrichtsformen, die stärker selbstständiges, selbstgesteuertes und selbstbestimmtes Lernen fördern, wie es etwa Freiarbeit und Projektunterricht tun können.

Unterrichtsprinzipien und -methoden, die aktives Lernen im instruierenden Unterricht fördern

Die in Deutschland noch gebräuchlichste Unterrichtsform ist dem lehrergesteuerten Unterricht zuzurechen (vgl. Hage et al. 1985; Schaeper 2001). Wellenreuther unterscheidet einen „borniertenˮ Frontalunterricht (2009, S. 174), in dem der Lehrer eine Mitverantwortung für unzureichende Lernergebnisse seiner Schüler ablehnt, von Lernarrangements, in denen der Lehrer zwar neue Informationen präsentiert, aber den Lernprozess bis zur sicheren Festigung und Verankerung der neuen Inhalte im Langzeitgedächtnis steuert. Auf diese Weise ist direkte Instruktion zwar lehrergesteuert, aber durchaus schülerzentriert. Derselben Meinung war auch Weinert (1999, S. 33–34). Der Lehrer legt zwar „unter Berücksichtigung der in seiner Klasse verfügbaren Vorkenntnisse die Lernziele fest", aber zugleich stellt er oder sie

3 Eine BASIS-Philosophie für erfolgreiches Lernen in der Schule

„Fragen unterschiedlicher Schwierigkeit, organisiert, strukturiert, kontrolliert, korrigiert und evaluiert die Lernfortschritte der Schüler beständig und sorgt dafür, dass Fehlinformationen vermieden oder schnell beseitigt werden. Klarheit, Strukturiertheit und Adaptivität des Unterrichts sind die wichtigsten Merkmale einer lernwirksamen direkten Instruktion, die für jeden Lehrer eine enorme Herausforderung und Beanspruchung darstellt."

„Lernen inszenieren – Interesse wecken": unter diesem Titel verweist Heymann (2008) auf die Ähnlichkeiten zwischen der Inszenierung von Lernen mit einer Theaterinszenierung. Ähnlich wie ein Regisseur bearbeitet ein Lehrer seine „Lerninszenierung". Er macht Inhalte deutlich, auf die es ihm ankommt, interpretiert sie, bringt das Geschehen für den Zuschauer in den Wahrnehmungshorizont und macht es bewusster Reflexion zugänglich. Während eine gute Inszenierung die Lernenden fesseln kann – sei es, dass sie das Thema interessiert, sei es, dass sie die spannende Handlung fesselt –, so zeichnet sich eine schlechte dadurch aus, dass sich kaum jemand angesprochen fühlt. Für den Unterricht bedeutet dies, dass Themen fesseln, die für Lernende a priori lebensbedeutsam und interessant sind oder auch durch ihre Fremdartigkeit neugierig machen (vgl. Kapitel 2 und Helmke 2006). Wenn Sachinteresse aus den genannten Gründen bei Lernenden gegeben ist, fällt Unterrichten leicht, weil die Lernenden selbst motiviert sind. Schwieriger wird es bei dem, was Heymann als „curriculares Trockenbrot" bezeichnet, zum Beispiel vorgeschriebene Lehrplaninhalte, für die Schüler von sich aus keine Motivation aufbringen können. Dann, so Heymann, ist das methodisch-didaktische Geschick des Lehrenden gefragt. Es wirkt aber nur, wenn der Lehrer dabei als Person glaubwürdig ist und „echt" begeistern kann. Bei „curricularem Trockenbrot" könnte auch die Aussicht auf die Arbeit mit Lernpartnern zum Lernen verlocken oder darauf, einmal ein kleines Projekt zum Thema selbstständig durchführen zu können. Dann motiviert nicht in erster Linie das Sachinteresse, sondern die Aussicht auf eine erwünschte Sozialform oder auf Selbstbestimmung.

Wahl (2006) plädiert für Transparenz des geplanten Lernprozesses bei den Lernenden. Die Bekanntgabe von Lernziel und Organisation der Arbeitsphasen vermittelt den Überblick über das geplante Lerngeschehen, wie bereits weiter oben geschildert. Die „Kinder-Überraschungs-Pädagogik", die der Überzeugung entspringt, Überraschungen seien motivierend und Transparenz sei ernüchternd, nennt er „entmündigend". Schüler, die ihren Lernprozess selbst in die Hand nehmen sollen, müssen seiner Meinung nach wissen, wie Lehrende den Lernprozess geplant haben.

Es ist wichtig, Unterrichtsmethoden zu wählen, die es Schülerinnen und Schülern möglichst erleichtern, Stoff im Langzeitgedächtnis zu verankern. Dabei kann man durchaus sowohl den stärkeren als auch den schwächeren Schülern gerecht werden.

Die Unterschiede im Lerntempo sind in der Regel in der Grundschule schon recht hoch. Bloom (1973) gab sie mit 1:5 an, das heißt, wo ein Kind unter Umständen zur erfolgreichen Bearbeitung einer Aufgabe nur 10 Minuten braucht, kann ein zweites

> **PRAXIS-TIPP**
> **Nachhaltiges Lernen fördern: die Arbeit mit Lösungsbeispielen**
>
> Wellenreuther (2009) schlägt für eine nachhaltige Speicherung von Wissen im Langzeitgedächtnis folgende Schritte für den Mathematikunterricht vor:
>
> ▸ In einem ersten Schritt geht es traditionellerweise um das Erklären des mathematischen Sachverhalts durch den Lehrer. Wichtig erscheint: Der Lehrer knüpft zunächst an das Vorwissen der Kinder und Jugendlichen an und bemüht sich um eine klare, für die Kinder nachvollziehbare Sprache und Wissensstrukturierung. Er gibt nicht mehr als höchstens 7, bei komplexen Sachverhalten 3 neue Informationseinheiten vor. Dadurch werden die Grenzen des Arbeitsgedächtnisses beachtet.
> ▸ Im nächsten Schritt erfolgt eine intensive Arbeit mit Lösungsbeispielen: An mehreren Aufgabenlösungen analysiert der Lehrer mit den Schülern die einzelnen Stationen des Lösungsweges. Diese Art des Vorgehens birgt nach Wellenreuther einen entscheidenden Vorteil. Bei empirischen Überprüfungen erbrachte die mehrfache Analyse und Reflexion eines vorgegebenen Lösungsweges die besten Ergebnisse.
> ▸ Im dritten Schritt geht es um binnendifferenzierende Maßnahmen. Die meisten Schülerinnen und Schüler einer Klasse werden nun in der Lage sein, selbstständig Übungsaufgaben zu lösen. Der Lehrer hat dann Zeit für diejenigen, die noch mehr Erklärungen und persönliche Hilfe brauchen und kann weiter mit dieser Gruppe noch ein oder zwei Lösungsbeispiele durcharbeiten oder weitere geeignete Unterstützungsmaßnahmen ergreifen.

bis zu 50 Minuten brauchen. Für Wahl (2006, S. 102) ist dies ein Grund, warum reine Kollektivphasen im Unterricht nur so lange dauern sollten, bis die Aufmerksamkeit der Zuhörenden sichtbar erlahmt. Ein Frontalunterricht, der die Lernenden zwingt, länger im Gleichschritt zu marschieren, ist für ihn unsinnig und bedeutet eine ständige Frustration für schnellere und langsamere Informationsverarbeiter. Ein solcher Unterricht berücksichtigt weder die bereichsspezifischen Vorkenntnisse, differierenden Lernstrategien, individuellen Lernmotivationen noch die subjektive emotionale Situation der Lernenden.

Frontalunterricht in „kleinen Dosen"

Wahl plädiert daher dafür, in den instruierenden Unterricht Phasen der „subjektiven Aneignung" einzuschieben. Als Metapher für diese Art des Vorgehens wählt er den Ausdruck „Sandwich-Methode". In den Einschubphasen bekommt der Lernende Gelegenheit zu überprüfen, ob er den Sachverhalt verstanden hat und inwieweit er einen Bezug zu seinem subjektiven Wissen und seinen Vorkenntnissen herstellen kann. Dies kann jeweils in Einzelarbeit, Partnerarbeit oder in Kleingruppen geschehen. Wenn man den Austausch strukturieren will, eignen sich besonders gut Methoden kooperativen Lernens.

> **PRAXIS-TIPP**
> **Reflexion, individuell und kooperativ: die Placemat-Methode**
>
> Im Frontalunterricht gelingt es selten, alle Schülerinnen und Schüler für einen Gedankenaustausch zu aktivieren. Abhilfe kann hier die Placemat-Methode schaffen. Besonders gut geeignet ist sie für den Deutsch-, Geschichts- oder Politikunterricht, um unterschiedliche Ansichten über ein Thema zur Sprache zu bringen und gemeinsame Aspekte zu bündeln. Aber auch in anderen Fächern lässt sie sich gut anwenden, wenn zum Beispiel Vermutungen über Ursachen von Sachverhalten angestellt werden sollen oder wenn, etwa in der Mathematik, verschiedene Lösungswege bei einer Aufgabe möglich sind.
> Zu zweit, zu dritt oder zu viert teilen sich die Lernenden ein DIN-A4- oder DIN-A3-Papier (das „Papier-Platzdeckchen", nach dem die Methode benannt ist), zeichnen ein Rechteck in die Mitte und unterteilen den Rand gleichmäßig nach der Teilnehmerzahl in 2, 3 oder 4 Abschnitte.
> Jeder kann dann zunächst in seinem Randfeld aufschreiben, was ihm selbst wichtig oder richtig erscheint. Nach einem vorgegebenen Zeitlimit wird das Blatt so gedreht, dass nacheinander alle die Bemerkungen der anderen Teilnehmer lesen können. Anschließend einigen sich die Teilnehmer auf gemeinsame Aussagen oder Lösungen für das mittlere Rechteck.
> Auf diese Weise kommt zunächst die eigene Meinung, Wertung oder Lösung zum Ausdruck, und auf dieser Grundlage ist in der Folge ein gemeinsamer Austausch möglich.

Das Vorhanden- oder Nichtvorhandensein ausreichender Basiskompetenzen ist für das Lerntempo der Schülerinnen und Schüler von großer Bedeutung. Dies lässt sich gut an besonderen Schwierigkeiten beim Erlernen des Lesens und Rechtschreibens, gemeinhin als LRS oder Legasthenie bekannt, illustrieren. LRS kann unterschiedliche Ursachen haben, zum Beispiel auditive, visuelle, sprechmotorische oder sensomotorische Wahrnehmungs- und Verarbeitungsprobleme, immer aber ist das Resultat ein verlangsamtes Lerntempo (vgl. Rüdell 2008). Dies spricht dafür, auch im instruierenden Unterricht immer wieder Phasen einzuschieben, in denen Lernende sich in ihrem Tempo Lernstoff erarbeiten oder das Gehörte in Ruhe rekapitulieren können. Es ist wichtig, dass in diesen Phasen der Lehrer ganz besonders den Schwächsten zur Verfügung steht, die dringender Strukturierungshilfen durch den Lehrer bedürfen.

Für die Instruktion selbst schlägt Wahl (2006) neben Prägnanz bestimmte „Verständlichkeitsmacher" vor. Das können sein: gute Beispiele, weil sie an vertraute Vorkenntnisse der Teilnehmer anknüpfen können, Analogien, weil sie eine bekannte Struktur für etwas Neues nutzen und das Erzählen von Episoden, weil so komplexe Kontexte transportiert werden können. Visuelle Darstellungsformen sollten die verbalen ergänzen. Dies entspricht weitgehend neurowissenschaftlichen und kognitionspsychologischen Erkenntnissen, die dem Personalisieren, Kontextualisieren und Emotionalisieren von Aufgaben eine höhere Behaltensrate zuschreiben.

Für längere Einschubphasen im instruierenden Unterricht erprobten Wahl und Mitarbeiter der Pädagogischen Hochschule Weingarten in Schule, Hochschule und Lehrerfortbildung Methoden des kooperativen Lernens. Unter dem Sammelbegriff „Wechselseitiges Lehren und Lernen" (WELL) fassten sie insbesondere Methoden wie Gruppenpuzzle, Gruppenturnier und Gruppenrallye sowie eigene weiterentwickelte Versionen zusammen (vgl. Wahl 2006, Kapitel 5 und Anhang). In zwei Praxis-Tipps werden nachfolgend exemplarisch die Methoden des Gruppenpuzzles und der Gruppenrallye vorgestellt.

Methoden kooperativen Lernens wie das Gruppenpuzzle haben den Vorteil, dass sie die meistgenannte Gefahr herkömmlicher Gruppenarbeit durch das Verfahren unmöglich machen: das sogenannte „Trittbrettfahren", bei dem ein oder zwei Gruppenmitglieder die Arbeit machen und die anderen bequem und ohne eigene Anstrengung „mitfahren". Kooperative Arbeitsformen fordern nach dem Motto „think, pair, share" zunächst zum eigenen Denken und Arbeiten und dann erst zum Austausch auf. Sie fördern und fordern die gegenseitige Unterstützung und ein peer learning. Letzteres lässt sich durch die sogenannte Gruppenrallye besonders gut erreichen (siehe Praxis-Tipp).

Wellenreuther betont, dass das peer learning bei der Gruppenrallye nicht nur zu einer Leistungssteigerung, sondern auch zu einer größeren Solidarität in der Klasse und zur Verminderung von Disziplinschwierigkeiten führt. Allerdings ist dafür oft eine systematische Aufbereitung und Klärung von Umgangsformen in der Gruppe nötig. Kooperative Lernformen gelingen daher ungeübten Schülern und Lehrern nicht aus dem Stand, sondern müssen organisatorisch und inhaltlich sorgfältig vorbereitet und begleitet werden. Sowohl Gruppenrallye als auch Gruppenpuzzle sind empirisch überprüfte Verfahren, die zu einer Leistungssteigerung führen können. Das Verfahren, bei einer Gruppenrallye mit einem Eingangstest zu beginnen und am Ende einen Ausgangstest folgen zu lassen, zeigt ein Testverständnis, wie es auch in skandinavischen Ländern üblich ist. Dort kommt man rund 8 Jahre lang ohne Zeugnisnoten aus. Tests werden nicht, wie zumeist bei uns üblich, nur einmal zur Bewertung einer vorangegangenen Lernperiode eingesetzt, sondern zu Beginn als Überprüfung einer Lernausgangslage und am Ende einer Lernphase, um festzustellen, wie groß der Lernzuwachs ist. Auf diese Weise können Lehrende und Lernende besser sehen, welchen Erfolg ihre Anstrengungen gebracht haben, und auch leistungsschwächere Kinder werden dadurch eher ermutigt als entmutigt.

Ziel der schulischen Arbeit bleibt die zunehmende Fähigkeit, aktiv den eigenen Lernprozess zu steuern. Diese Kompetenz ist, wie schon mehrfach erwähnt, eine Schlüsselkompetenz für die Zukunft. Wichtig bleibt in diesem Sinne, dass Schülerinnen und Schüler lernen, einen Lernprozess aktiv vollständig selbst steuern zu können – von der eigenen Zielsetzung, über die Planung und Durchführung der Erarbeitung, bis zur Präsentation des Ergebnisses und der Reflektion des Prozesses. Dieses Ziel ist zwar anspruchsvoll, erscheint aber notwendig und ist auch machbar – allerdings unter bestimmten Bedingungen. Es gibt viele Möglichkeiten, sich diesem Ziel zu nähern. Dazu mehr in Kapitel 3.4.

PRAXIS-TIPP
Wechselseitiges Lehren und Lernen: das Gruppenpuzzle

Das Gruppenpuzzle bietet den Vorteil, dass jeder Kursteilnehmer einmal in der Rolle eines Lerners und in der eines Experten ist. Für das Gelingen des Gesamtprozesses sind alle Teilnehmer gleich verantwortlich, jeder muss seinen Beitrag leisten.

Beispiel: Gruppepuzzle zum Thema „Gedächtnis und Lernen"
Zum besseren Verständnis der Methode des Gruppenpuzzle sei ein Arbeitsbeispiel aus der eigenen Praxis des Pädagogikunterrichts angeführt.

Arbeitsanweisung: Gedächtnis wird im Alltagsgebrauch oft als einheitliche Größe betrachtet. Die Forschung hat allerdings unterschiedliche Arten der Speicherung entdeckt. Ihre Aufgabe ist es, sich über die einzelnen Arten zu informieren und gemeinsam wesentliche Gesichtspunkte herauszuarbeiten. Bilden Sie dazu Vierergruppen. Sie erhalten unterschiedliche Textauszüge für jedes Gruppenmitglied:
- Text 1: Ultrakurzzeitgedächtnis ▸ Text 2: Kurzzeitgedächtnis ▸ Text 3: Langzeitgedächtnis
- Text 4: Arbeitsgedächtnis.

1. Runde: Bitte lesen Sie sich Ihren Text gut durch. Entnehmen Sie ihm Informationen zu folgenden Fragen:
- Um welche Art von Speicherung handelt es sich? ▸ Wie findet diese Speicherung statt? ▸ Was wird gespeichert? ▸ Benötigt diese Art von Speicherung einen bestimmten Zeitraum? ▸ Wodurch ist der Prozess der Speicherung störbar?

Unterstreichungen, Notizen, Skizzen oder Mind Maps können dabei helfen, die Kerngedanken festzuhalten.
Zusatzaufgabe (falls Sie eher fertig sind als andere Gruppenmitglieder): Machen Sie sich Gedanken darüber, was diese Art der Speicherung für das schulische Lernen bedeuten könnte und halten Sie Ihre Ideen in Stichworten fest.

2. Runde: Tauschen Sie sich nun mit allen, die den gleichen Text erarbeitet haben wie Sie, zu den Ergebnissen aus. Klären Sie gemeinsam, wenn etwas noch nicht verstanden worden ist, und überlegen Sie dann, was Sie in einem höchstens 5-minütigen Kurzvortrag Ihrer Stammgruppe mitteilen können.

3. Runde: Jeder/jede berichtet nun jeweils circa 5 Minuten lang zu seinem/ihrem Thema in der Stammgruppe. Die Zuhörer können sich Notizen machen und nachfragen.

4. Runde: Jede Vierergruppe entwirft ein „Lernplakat" zum Thema „Gedächtnisarten". Kernsätze, Bilder, Zeichnungen illustrieren, was man Ihrer Meinung nach zu den Einzelthemen wissen sollte.

3.2 Aktives Lernen im Unterricht ermöglichen

Die Phasen des Gruppenpuzzles
Das Gruppenpuzzle wird also zunächst in vier Arbeitsrunden durchgeführt:
- 1. Runde: individuelles stilles Lesen in der Stammgruppe (20 Minuten)
- 2. Runde: Austausch unter „Experten" (20 Minuten)
- 3. Runde: Berichten in der Stammgruppe (20 Minuten)
- 4. Runde: Erarbeitung einer Kurzpräsentation in der Stammgruppe (30 Minuten)

Die nächste Stunde beginnt mit dem Aushang der Lernplakate und einem Rundgang von etwa 20–30 Minuten und einer abschließenden Diskussion und Ergebnissicherung im Plenum. Eine Möglichkeit für den Rundgang ist folgende Methode: Jeweils ein Gruppenmitglied bleibt als Erklärender beim Lernplakat, die anderen wechseln im 3- bis 5-Minutenabstand zu den anderen Gruppen und lassen sich den Werdegang des Plakates schildern.

Hinweise und Erfahrungen zum Gruppenpuzzle
Folgende Tipps haben sich in der Praxis für die Durchführung des Gruppenpuzzles ergeben:
- Mehr als vier oder fünf Unterthemen anzubieten, erweist sich zumeist nicht als günstig, weil die dritte Runde zu lang wird.
- Texte oder anderes Material müssen für jede Gruppe etwa gleich lang und anspruchsvoll sein. Gerade für die 1. Runde sind Zusatzaufgaben nötig, um den individuellen Lesetempi gerecht zu werden.
- Farblich unterschiedliche Textblätter sind hilfreich. Dann finden sich alle zukünftigen Experten durch die gleiche Farbe ihres Themas schnell zusammen.

Zumeist wird besonders die 2. Runde (Expertenrunde) von den Teilnehmern geschätzt. Es wird als hilfreich empfunden, sich gegenseitig bei Textverständnis und Textwiedergabe zu unterstützen. Hier ist allerdings auch die sorgfältige Beobachtung der Gruppen durch den Lehrenden angesagt, um im Notfall Erklärungshilfe zu leisten. Die 3. Runde kann dann ein „Pferdefuß" der Methode sein, wenn die Gesamtheit der Einzelvorträge die Aufnahmekapazität des Arbeitsgedächtnisses Einzelner überschreitet.

Es hat sich in meiner eigenen Praxis als hilfreich erwiesen, deswegen noch die im Beispiel vorgeschlagene 4. Runde direkt anzuschließen und den Rundgang notfalls in die nächste Stunde zu verschieben. Die Gestaltung eines Lernplakats ergibt die Möglichkeit einer tieferen Auseinandersetzung mit dem Thema, dem die Gruppe durch bildnerische Mittel oder Merksprüche und kurze Texte Ausdruck verleihen kann. Solche Zeichnungen oder Slogans werden meist besser behalten und rufen später auch leichter Assoziationen wach.

Beim Rundgang werden die Gründe für die jeweiligen Darstellungen erläutert. (Für Lehrende und Lernende manifestiert sich durch die unterschiedlichen Lernplakate der einzelnen Gruppen zum gleichen Thema sehr anschaulich, wie individuell und unterschiedlich unsere Gehirne gleiche Informationen verarbeiten.)

> **PRAXIS-TIPP**
> **Erfolg für alle: die Gruppenrallye**
>
> In bewusst leistungsheterogen zusammengesetzten Gruppen machen sich Lernende auf den Weg. Diese kleinen Teams repräsentieren in etwa die Leistungsbreite einer Klasse. Gruppenrallyes eignen sich vor allem für die Einübung und Festigung von Inhalten, die zuvor vom Lehrer eingeführt und erklärt wurden. Dies gilt besonders für Fächer wie Mathematik, Deutsch oder Fremdsprachen. Für den wöchentlichen Mathematikunterricht schlägt Wellenreuther (2009, S. 206) folgendes Vorgehen vor.
>
> *1. Schritt:* 1 bis 2 Stunden Einführung eines neuen Themas. Nach der Lehrerinstruktion arbeitet der Lehrer mit Lösungsbeispielen (vgl. Praxistipp *Nachhaltiges Lernen fördern: die Arbeit mit Lösungsbeispielen,* S. 71). Den Abschluss bildet ein kurzer (nicht herkömmlich zu benotender) Test, der die bis dahin erreichten Fähigkeiten abbildet und unmissverständlich Schülerinnen und Schülern aufzeigt, was sie bereits beherrschen und was noch nicht.
>
> *2. Schritt:* 2 Stunden Gruppenrallye. Der Lehrende setzt auf der Grundlage des Testergebnisses und weiterer Erfahrungen leistungsheterogene Vierer- oder Fünfergruppen zusammen. Alle Gruppen erhalten Aufgabenblätter für jeden Einzelnen. Ziel dieser Aufgaben ist es, die Anwendung des Gelernten bei jedem Teilnehmer einer Gruppe zu verbessern, also einen möglichst großen Lernfortschritt aller Gruppenteilnehmer zu erzielen. Lösungsblätter werden zur verantwortlichen Nutzung zur Verfügung gestellt. Jeder löst die Aufgaben in einer bestimmten Zeit zunächst allein, dann werden die Lösungen in kleinen Untergruppen (zu zweit oder zu dritt) miteinander und mit den Lösungsblättern verglichen. Wer nicht selbstständig zur richtigen Lösung kam, wird von den anderen so lange unterstützt, bis er den Lösungsweg rekapitulieren und auch verbalisieren kann. Vorsagen gilt nicht! Der Lehrer achtet auf die genaue Einhaltung der Regeln, das sorgfältige Ausfüllen der Arbeitsblätter und deren Kontrolle.
> In der nächsten Stunde wird mit Transferaufgaben ähnlich verfahren. Ziel ist, dass alle in der Gruppe grundsätzlich den Lösungsweg beherrschen.
>
> *3. Schritt:* In einem individuellen Abschlusstest wird festgestellt, welchen Leistungszuwachs es für die Einzelnen im Vergleich zum Ausgangstest gegeben hat. Gewertet wird nur die jeweilige Differenz (added value). Leistungsschwächere, die sich verbessern konnten, tragen damit ebenso wie die Leistungsstarken zu einem guten Gruppenergebnis bei.

3.3 Sicherheitsnetze für Lernprozesse aufspannen

Vielleicht haben Sie sich gerade gefragt, was Sicherheitsnetze mit schulischem Lernen zu tun haben könnten. Lassen Sie es mich mit dem Bild eines Sicherheitsnetzes im Zirkus erklären. Luftakrobaten spannen es auf, vor allem wenn sie neue Nummern einstudieren. Sie wissen, dass beim Üben neuer Figuren nicht immer alles auf Anhieb gelingt und dass auch bei gut Trainiertem einmal etwas schief gehen kann. Sicherheitsnetze möchten verhindern, dass Abstürze tödlich oder mit schlimmen Verletzungen enden. Selbst wenn es beim Üben nicht nur beim ersten Mal, sondern vielleicht auch beim zehnten Mal noch nicht klappt, kann weitertrainiert werden, denn das Risiko bleibt überschaubar und muss nicht teuer bezahlt werden. Sicherheitsnetze bewirken auf diese Weise auch, dass der Mut zu Neuem erhalten bleibt. So bleibt man nicht bei einem einmal erreichten Können stehen oder traut sich nach einem Absturz gar nichts mehr zu.

Was könnten Sicherheitsnetze für das Lernen in der Schule bedeuten? Sie könnten verhindern, dass Fehler und Misserfolge zum Aus-dem-Felde-Gehen führen. Sie könnten bewirken, dass sich Lernende nicht zu leicht entmutigen lassen und Abläufe wieder und wieder üben, bis sie „in Fleisch und Blut" übergegangen sind. Sicherheitsnetze könnten dazu ermutigen, auch schwierigere Aufgaben in Angriff zu nehmen und damit ein gutes Gefühl für die eigenen Möglichkeiten, aber auch Grenzen zu entwickeln. Sie sollten unterstützend und haltend wirken, bis Basiskompetenzen erreicht, effektive Abläufe trainiert und ein realistisches Bild der eigenen Fähigkeiten und Fertigkeiten entwickelt sind.

Aus welchen Garnen müssten nun solche Sicherheitsnetze in der Schule gewebt sein? Zum Garn eines Sicherheitsnetzes gehört eine emotional und sozial sichere und zur Aktivität anregende Lernumgebung, in der Ausgegrenztwerden, kognitive Über- und Unterforderung weitgehend ausgeklammert sind (vgl. Kapitel 3.1 und 3.2). Außerdem erfordert ein solches Netz das geduldige und tatkräftige *Trainieren von Basiskompetenzen bis zur Automatisierung*.

Grundlegend: Basiskompetenzen einüben

Wie wir aus den neurowissenschaftlichen Grundlagen des Lernens wissen, können komplexere Lernleistungen nicht oder nur mit großer Zeitverzögerung erbracht werden, wenn Basiskompetenzen nicht „im Schlaf" beherrscht werden. Das lässt sich besonders am Beispiel der Lesekompetenz zeigen. Dass wir hier deutlich etwas verbessern müssen, steht außer Frage, immerhin hat bei PISA eine große „Risikogruppe" (ein knappes Viertel aller Fünfzehnjährigen) die niedrigste Kompetenzstufe beim Textverständnis oder nicht einmal diese erreicht – eine im internationalen Vergleich viel zu hohe Zahl.

Wenn man sich zunächst die Entwicklung eines ungestörten Schriftspracherwerbs beim Kind anschaut, so wird deutlich, dass bereits in der Vorschulzeit die ersten großen Stolpersteine für eine erfolgreiche Entwicklung im Weg liegen. In einer ersten, als präliteral-symbolisch bezeichneten Phase, entdeckt das Kleinkind, dass Zeichen und Schriftzüge eine Bedeutung haben. Es erkennt zum Beispiel Automarken an den Firmenlogos, den Raum seiner Kindergartengruppe an Symbolen. Zumeist in der Kindergartenzeit entsteht die „phonologische Bewusstheit", das Wissen darum, dass Sprache aus Lauten und Silben besteht. Kinder dieses Alters lieben Reime und klatschen Silben beim Sprechen mit. Für erste Leseversuche benutzen sie noch die logographemische Strategie, das heißt, sie prägen sich ganze Wörter visuell wie Logos ein. Sie tragen dann kleine Texte anhand der bekannten Wortbilder – scheinbar lesend – auswendig vor und

> Automatisierung am Beispiel Lesekompetenz

3 Eine BASIS-Philosophie für erfolgreiches Lernen in der Schule

können aus dem Gedächtnis ihren Namen in der Regel in Druckbuchstaben schreiben. Durch Vorlesen und viele Gespräche entwickelt sich der Wortschatz in der Vorschulzeit enorm und die Syntax ist meist kein Problem mehr. Werden diese Vorstufen zum Schriftspracherwerb nicht durchlaufen, wie bei vielen Kindern aus sogenannten bildungsfernen Familien, dann massieren sich die Schwierigkeiten zu Schulbeginn.

Der größte Stolperstein liegt nämlich genau in dieser Zeit, wenn Kinder die alphabetische Strategie erlernen müssen. Unsere Schrift ist eben keine Bilderschrift, sondern erfordert das Umkodieren-Können von Lauten in Buchstaben beim Schreiben und von Buchstaben in Laute beim Lesen. Dazu muss ein Kind mündlich in der Lage sein, den Lautstrom der Wörter durch eine Analyse des eigenen Sprechens aufzuschließen, es braucht „phonologische Bewusstheit". Es darf sich nun nicht mehr nur ganze Wörter als Wortbilder visuell einprägen, sondern muss lernen, sie sequentiell, Buchstabe für Buchstabe auseinanderzunehmen und später wieder zusammenzusetzen. Erst wenn diese Strategie befriedigend beherrscht wird, kann es seine Lesekompetenz dadurch steigern, dass es sich orthographische und morphematische Eigenheiten der deutschen Sprache – wie Silben oder Wortstämme – einprägt und als „Untereinheiten" eines Wortes merkt (vgl. Rüdell 2004).

Sie kennen den Vorteil dieses Vorgehens bereits aus den in Kapitel 2.1 vorgestellten Gedächtnisaufgaben. So dürfte das Erlesen des Wortes *Basiskompetenz* bei Ihnen wesentlich schneller verlaufen als das Erlesen der gleichlangen sinnlosen Buchstabenfolge *bqrstcklmxzndf* – eben weil Sie sich Untereinheiten erfolgreich gemerkt und eine sichere innere Repräsentation davon haben. Genau zu dieser Fähigkeit kommen Kinder, die Leseschwierigkeiten entwickeln, nur sehr spät, weil sie aus unterschiedlichen Gründen auf einer ungenügenden Kompetenzstufe der alphabetischen Strategie stecken bleiben. Für sie bleibt vieles ein Rätsel, was gute Leser so schnell macht. Sie erkennen nur ungenügend die immer wiederkehrenden Bausteine unserer Sprache. Dies hängt in den meisten Fällen mit mangelhafter phonologischer Bewusstheit zusammen, kann aber auch mit visuellen oder sprachmotorischen Problemen zu tun haben. Emotionale oder soziale Sperren und ein zu schnell und uniform durchgeführter Leselehrgang können ebenfalls dazu führen. In jedem Fall erreichen diese Kinder durch fehlendes Erkennen sinnvoller Wortsegmente kein ausreichendes Lesetempo und vor allem – im üblichen engen schulischen Zeitrahmen – kein ausreichendes Textverständnis, weil sie viel zu lange mit dem reinen Decodieren des Textes beschäftigt sind. Dieser Tempoverlust steigert sich mit dem rasanten Fortschritt von Klassenkameraden, die eine „normale" und gute Leseentwicklung nehmen, und führt in der Folge, je nach Temperament zu großer Angst, zu Resignation, Aggressivität oder Clownerien. Das Kind landet ohne frühe Hilfe im Teufelskreis aus Misserfolgsangst, negativen Zuschreibungen der Umwelt und Leistungsvermeidung oder Leistungsversagen.

Keine Automatisierung = Tempoverlust

Was ist zu tun? Nicht nur eine vorschulische sprachliche Förderung ist hier angesagt, sondern auch eine deutlich individuell orientierte Leseförderung in der Schule. Das gilt nicht nur für die Grundschule, sondern auch für die Sekundarstufe. Gerade dort wird oft verkannt, dass nur flüssiges Lesen genügend Zeit zum Textverständnis übrig lässt. Ohne ausreichende Basiskompetenzen in der Textdekodierung ist dies nicht möglich.

Nach welchen Prinzipien dies geschehen könnte und welche Ressourcen dafür von Lehrerinnen und Lehrern benötigt würden, wird in Kapitel 3.4 und Kapitel 5 näher erläutert werden. Hier sei nur festgehalten, dass ohne individuelle Förderung in Bezug auf die Basisfähigkeiten keine ausreichenden komplexeren Lernanforderungen in einem festgelegten einheitlichen Zeitraster zu erzielen sind. Vor allem die skandinavischen Länder oder Neuseeland könnten uns hier ein Vorbild sein. Dort steht die Sicherung von Basiskompetenzen nicht nur im Programm, sondern kann tatsächlich stattfinden. Lehrerinnen und Lehrer werden entsprechend fortgebildet und erhalten die notwendigen Ressourcen, um ihren Unterricht an die individuellen Bedürfnisse des Kindes anzupassen.

Strategiewissen vermitteln

Schulkinder brauchen nicht nur für das Lesen, sondern auch für andere Gebiete gute und effektive *Strategien*, die ihnen das Lernen erleichtern. Strategien können Sicherheit im Lernprozess vermitteln, weil das Know-how des Vorgehens bekannt ist. In der Literatur wird zwischen *kognitiven*, *metakognitiven* und *emotionalen* Strategien unterschieden (vgl. Artelt et al. 2001; Hasselhorn 2009). Kognitive Strategien lassen sich nach domänenspezifischen (zum Beispiel Strategien zum Schriftspracherwerb) und allgemeinen Strategien unterteilen. Letztere unterscheiden sich noch nach der Tiefe der Informationsverarbeitung: *Wiederholungsstrategien* (zum Beispiel Auswendiglernen, mehrmaliges Lesen) lassen nur eine oberflächliche Verarbeitung und Speicherung zu. Wie oft machen Kinder und Erwachsene die Erfahrung, für eine Prüfung oder Klausur zwar viel gelernt zu haben, aber Tage oder Wochen später ist schon wieder alles vergessen. *Organisationsstrategien* erfordern schon eine tiefere Verarbeitung: In Texten beziehungsweise zu Texten werden Schlüsselwörter markiert, Kernaussagen herausgefunden, Zusammenfassungen geschrieben, Tabellen entworfen und so weiter. Das tiefste Verständnis wird durch *Elaborationsstrategien* erzielt: Neues Wissen wird in Bezug zum Vorwissen gesetzt, ein schwieriger Sachverhalt mit eigenen Beispielen illustriert, eine eigene Mind Map erstellt.

Die verschiedenen Strategiearten

Auch auf diesem Gebiet haben wir in Deutschland Nachholbedarf. Empirische Untersuchungen ergaben, dass sich der Strategieerwerb an vielen unserer Schulen beim Umgang mit Texten aufs Lesen, Unterstreichen, Notizenmachen und Zusammenfassen beschränkt (vgl. Dumke/Wolff-Kollmar 1997 und Killus 2007). Ein relativ hoher Prozentsatz bei Berliner Grund-, Gesamt- und Gymnasiallehrern gab sogar an, gar keine Strategien zu lehren (Killus 2007). Diese Ergebnisse sind zwar nicht repräsentativ, könnten aber tendenziell ein Hinweis darauf sein, warum unser Land bei der PISA-Studie in Bezug auf die Nutzung effektiver Strategien so schlecht abgeschnitten hat.

Metakognitive Strategien regulieren sozusagen die kognitiven Strategien. Sie werden gebraucht, um Lernprozesse in Gang zu setzen, sie aufrechtzuerhalten und bis zum Ende zu steuern. Wie das Beispiel aus der Schulpraxis zum selbstgesteuerten Lernen in Kapitel 3.2 zeigte, müssen zunächst Forschungsfragen gestellt werden, dann einzelne Arbeitsschritte durchlaufen, die Ergebnisse reflektiert und für die Präsentation zusammengestellt werden. Dies im Rahmen einer eigenen kleinen Forschungsarbeit oder in einem anderen unterrichtlichen Zusammenhang zu tun, hat Vorteile gegenüber einer extracurricularen „Lernen-lernen"-Sequenz, weil reine Strategiekenntnis ohne sinnvolle eigene Anwendung nicht wirklich in die Tiefe geht.

In der Grundschule werden Strategien daher eher indirekt vermittelt, das heißt, die Lernumgebung wird so gestaltet, dass sie zur Anwendung bestimmter Lernstrategien anregt. Direkte Vermittlung von Strategien findet eher in der Sekundarstufe Raum. Wichtig ist, dass es nicht nur zu einmaligen extracurricularen Angeboten kommt, wie zum Beispiel einwöchige „Lernen-lernen"-Sequenzen. Denn auch bei direkter Instruktion ist es notwendig, dass Strategien nicht nur vom Lehrer genau beschrieben und modellhaft demonstriert werden (was natürlich auch in einer einwöchigen Veranstaltung geleistet werden kann), sondern auch

- gemeinsam im Fachunterricht angewendet und reflektiert,
- an wechselnden Themen geübt,
- in Bezug auf Fortschritte und Rückschritte immer wieder thematisiert,
- durch die häufigen Anwendungen letztendlich automatisiert werden.

Wie bereits ausgeführt: Nur die Automatisierung eines Handlungsablaufs erlaubt es, zwei Handlungen zeitgleich störungsfrei durchführen zu können (vgl. Shiffrin/Schneider 1977): Erst wenn wir implizit wissen, wie wir zum Beispiel eine bestimmte Textsorte anlegen müssen, haben wir den Kopf für inhaltliche Überlegungen frei. Man erinnere sich an die Zeit, die man für das erste mühevoll verfasste Referat oder seinen Lebenslauf brauchte, und daran, wie wenig Zeit später bei entsprechender Routine für solche formale Überlegungen aufgewandt werden müssen. Es stimmt in diesem Zusammenhang schon sehr nachdenklich, dass in der erwähnten Berliner Studie (Killus 2007) mehr als ein Drittel aller befragten Lehrerinnen und Lehrer auf eine Strategievermittlung verzichteten. Killus vermutet hinter diesem Ergebnis eine vor allem produktorientierte Ausrichtung des Unterrichts, die auf die Vermittlung von abfragbarem Fachwissen abzielt und durch einen großen Umfang an gelenktem Unterrichtsgespräch charakterisiert ist. Wer als Lernender aber weiß, auf welchen Wegen und mit welchen Verfahren er zeiteffizient fachspezifische Probleme angehen kann, hat ein Sicherheitsnetz unter den Füßen, das ihm vor allem Zeit spart und Energie für ein tieferes Eindringen in die Materie überlässt. Allerdings muss er auch motiviert sein, sich neuen Aufgaben und Herausforderungen zu stellen.

Erfolgszuversicht stärken

Hinsichtlich der Motivation nimmt die Einschätzung der eigenen Fähigkeiten eine bedeutende Rolle ein. Man muss sich die Bewältigung einer Aufgabe auch zutrauen! Zählt man eher zu erfolgszuversichtlichen Menschen oder ist man eher ein misserfolgsängstlicher Typ? Zuversichtliche Menschen schreiben ihre Erfolge sowohl ihren

Anstrengungen als auch ihren Fähigkeiten zu und sehen Misserfolge eher als eine Konsequenz mangelnder Anstrengung an, keinesfalls aber nur als Zeugnis eigener Unfähigkeit. Dieses Fähigkeitsselbstkonzept ist in der Regel gepaart mit realistischen Zielsetzungen. Das bedeutet, erfolgszuversichtliche Menschen suchen sich Aufgaben, die eine Herausforderung darstellen, für die sie aber ausreichend Ressourcen mitbringen. Diese Aufgaben weisen einen mittleren Schwierigkeitsgrad auf. Misserfolgsängstliche Menschen zeichnen sich eher dadurch aus, dass sie sich entschieden zu viel oder zu wenig zumuten. Sie haben kein realistisches Selbstkonzept (mehr) und haben häufig den Glauben an ihre Fähigkeiten verloren. Wie beim Kleingruppentraining in Kapitel 3.1 geschildert, neigen solche Schulkinder dazu, „alles auf einmal" ändern zu wollen, oder suchen sich unwichtige Ziele aus. Nicht nur das Selbstkonzept allein, sondern auch die Vorstellungen über die Veränderbarkeit der eigenen Fähigkeiten entscheiden über eine erfolgszuversichtliche Haltung.

Erfolgszuversicht und Misserfolgsangst

Dresel und Ziegler (2006) betonen die Wichtigkeit dieser zweiten Komponente, die sie „implizite Fähigkeitstheorie" nennen. Sie unterscheiden zwischen einer stabilen und einer flexiblen Theorie. Personen, die ihre Fähigkeiten für eine stabile Größe halten („so bin ich, so war ich, so werde ich sein"), neigen auf bestimmten Gebieten, auf denen sie geringe Fähigkeiten zu haben glauben, zur Aufgabe und Resignation. Dies erinnert stark an „erlernte Hilflosigkeit" und das bereits geschilderte Experiment von Seligmann, in dem Hunde in ihren Käfigen unkontrollierbaren Elektroschocks ausgesetzt wurden und sich schließlich in ihr Schicksal ergaben. Wer hingegen erlebt hat, dass sich Fähigkeiten auch verändern können, zeigt wesentlich mehr Zuversicht, auch ungewohnte Situationen unter Kontrolle halten zu können und strengt sich entsprechend an. Nachweislich geht eine solche Haltung mit besseren Schulleistungen einher (Möller 1997).

Hier sind wir beim Thema, wie wir unseren Schülerinnen und Schülern mehr Erfolgszuversicht vermitteln können. Interessante Hinweise geben dazu die empirischen Untersuchungen von Dresel/Ziegler (2006). Eine besondere Form des Feedbacks (vgl. Praxis-Tipp auf der nächsten Seite) in einem Re-Attribuierungstraning verhalf Schülern zu einem besseren Fähigkeitsselbstkonzept und einer flexibleren Sicht auf ihre Möglichkeiten

Feedback – aber wie?

und deren Steigerungsfähigkeit. Gute Leistungen der Schülerinnen und Schüler bei der Aufgabenbearbeitung wurden zunächst konsequent auf ihre Anstrengung zurückgeführt, später auf ihre guten Fähigkeiten. Attributionale Veränderungen („Ich kann das schaffen, wenn ich mich anstrenge, übe ...") brauchen allerdings, wie sich herausstellte, ihre Zeit, um sich zu konsolidieren. Dresel/Ziegler weisen darauf hin, dass ein Re-Attribuierungstraining nur erfolgreich ist, wenn das entsprechende Feedback konsequent über einen längeren Zeitraum gegeben wird. Ähnliche, noch unveröffentlichte Versuche der Selbstkonzeptveränderung durch Feedback gibt es an der Universität Oldenburg. Kurz und griffig nennt sich dieses Projekt „Feedback to learn (F2l)".

> **PRAXIS-TIPP**
> **Durch geeignetes Feedback das Fähigkeitsselbstkonzept verändern**
>
> Die hier geschilderte Maßnahme verfolgte den Zweck, das Fähigkeitsselbstkonzept von Schülern und Schülerinnen zu verbessern, und bediente sich als Feedbackverfahren eines computerbasierten Re-Attribuierungstrainings. Durchgeführt wurde es mit 140 Gymnasiasten der 7. Klasse in nachmittäglichen Förderangeboten (Dresel/Ziegler 2006).
> Schülerinnen und Schüler erarbeiteten sich in 6 60-minütigen Sitzungen jeweils individuell mit der Lern- und Übungssoftware MatheWarp ein umgrenztes Themengebiet, das in 36 leichte, mittelschwere und schwere Aufgabenblöcke unterteilt ist. Der Computer gibt den Schülerinnen und Schülern ein unmittelbares Feedback für die gelösten oder nicht (richtig) gelösten Aufgaben.
> Die Schüler können dabei den Schwierigkeitsgrad der Aufgaben frei auswählen und erhalten bei erfolgreicher Lösung zusätzlich zu Anzahl und Prozentsatz der gelösten Aufgaben in den ersten drei Sitzungen ein Feedback, das den Erfolg auf die eigene Anstrengung zurückführt. Sie erfahren zum Beispiel: „Das sehr gute Ergebnis ist auf deine hohe Anstrengung zurückzuführen" oder „Du hast das konzentriert durchgearbeitet".
> In den letzten drei Sitzungen gibt es ein positives Feedback, das den Erfolg der eigenen Fähigkeit zuschreibt. „Bei diesem Thema kennst du dich sehr gut aus", „Mathe liegt dir offensichtlich". Bei nicht richtig gelösten Aufgaben wird Misserfolg konsequent auf mangelnde eigene Anstrengung zurückgeführt: „Du hast hier zu flüchtig gearbeitet", „Bei ausführlichem schriftlichen Rechnen wirst du sicher Erfolg haben" oder „Man sieht, dass du das Thema kapiert hast, wenn du noch genauer arbeitest, wird es perfekt".
> Diese Feedbacksequenz war geeignet, das Fähigkeitsselbstkonzept unmittelbar und langfristig zu verbessern und damit Motivationsverlusten entgegenzuwirken. Das Ergebnis dieses Trainings zeigte sich noch nicht sofort durchgängig in besseren Leistungsergebnissen, diese waren aber nach einem „Sleeper"-Effekt von etwa einem halben Jahr zu beobachten.

Dass sich die Erhöhung des Selbstwertgefühls auszahlt, wird kaum bezweifelt. Sie erinnern sich an Kapitel 1 und die schottische Längsschnittstudie, nach der Selbstwert und Motivation für nachhaltige Leistungs- und Lebenserfolge sich als wirksamere Faktoren erwiesen als der Faktor Intelligenz. Größere Sicherheit und Erfolgszuversicht im Lernprozess kann offensichtlich aber nur erreicht werden, wenn auf Seiten der Lehrenden eine durchgängige Haltung dazu führt, die genannten Unterstützungsmaßnahmen auch dauerhaft zu praktizieren.

Aus dem sicheren Erwerb von Basiskompetenzen, effektiven Strategien und einer stärkeren Erfolgszuversicht lässt sich schon ein großer Teil eines wirksamen Sicherheitsnetzes weben. Es wird aber noch nicht völlig reißfest sein, denn nur die Vernetzung von kognitiven, emotionalen und sozialen Faktoren bringt eine ausreichende Absicherung für erfolgreiche Lernprozesse.

3.4 Individuell fördern und fordern

Fördern ist mehr als Sortieren

Individuelles Fördern und Fordern spielt nicht nur eine bedeutende Rolle in den gegenwärtigen Bildungsdiskussionen, sondern auch in Schulverordnungen und -gesetzen. Nicht zu Unrecht macht Füller (2009) darauf aufmerksam, dass sich dahinter unterschiedliches Gedankengut verbergen kann. Ähnliches wurde schon in Kapitel 1 in Bezug auf den Begriff „Begabung" deutlich. Allein der Ausdruck „Fördern und Fordern" macht – so Füller – ein Gefälle deutlich: Die Aktivität ist auf der Seite der Lehrenden, weniger auf Seiten der Schüler. So verstandene individuelle Förderung sieht ihre Aufgabe darin, Defizite im Förderunterricht aufzuarbeiten und Kinder in ihrer „Begabung" entsprechende Kurse oder Schulen zu bringen. Individuelle Diagnostik wird dann zu dem Zweck betrieben, eine möglichst passgenaue Zuweisung in homogene Leistungsgruppen zu ermöglichen.

In der Regel dienen Noten als Selektionskriterien für Förderkurse. Sie spiegeln die Endleistungen in Klassenarbeiten und mündlicher Mitarbeit wider, können aber dem breiten Spektrum von Fähigkeiten nicht gerecht werden, die hinter den Leistungsergebnissen stehen. Sie können allenfalls indirekt etwas über das jeweilige Lerntempo auf bestimmten Gebieten, über die vorhandenen Problemlösefähigkeiten, über das Vorwissen, die angewandten Strategien, das Selbstkonzept, die Lernziele und Motivation, Interessen, Aspirationen und das Durchhaltevermögen eines jungen Menschen aussagen.

Aber was können wir tun, um individuelle Förderung weniger aus dem Blickwinkel des Sortierens zu gestalten? Wo finden wir im bisherigen Regelsystem einen Platz dafür? Ohne zweiten Lehrer im Klassenraum, ohne weitere Assistenz kommen Lehrerinnen und Lehrer im regulären 45-minütigen Fachunterricht auch bei gutem Willen nicht immer dazu, individuell auf einen einzelnen Schüler länger einzugehen. Persönliche Gespräche beschränken sich zumeist auf Beratungsgespräche aus aktuellem Anlass. Selten ist auf Elternsprechtagen dazu wirklich genügend Zeit.

Fördergespräche, die zu Beginn des 2. Halbjahres seit wenigen Jahren mit Schülern und Eltern verpflichtend durchgeführt werden, haben noch keine Tradition im Regelschulsystem. Solche Gespräche zeigen ein erstes Umdenken an. Ein Schüler und seine Eltern müssen nicht mehr nach Empfang eines blauen Briefes zur Osterzeit sehen, wie sich die Lücken bis zur Versetzung schließen lassen. Stattdessen soll jetzt zeitig gemeinsam beraten werden, was und wie genau gelernt werden soll, um die Defizite zu beheben. Diese Gespräche brauchen natürlich mehr Zeit und eine intensive Vorbereitung, zumindest auf der Seite der Lehrenden. Klassenlehrer müssen sich hier oft mit vielen Fachlehrern absprechen.

Beraten und begleiten

Die Gelegenheit für Lehrerinnen und Lehrer, in aktuellen Lernsituationen ihre Schüler einzeln oder in kleinen Gruppen zu beraten, wächst mit der Abkehr vom reinen Frontalunterricht. Werden zum Beispiel nach der direkten Instruktion subjektive Aneignungsphasen nach der Sandwich-Methode eingeschoben (vgl. Kapitel 3.2), so können die Lehrenden wesentlich entspannter und genauer beobachten, wie Lernende eine Aufgabe anpacken, als wenn sie selbst in Aktion sind. Sie sehen eher, was einzelne Schülerinnen und Schüler gut können, aber auch, worin sie noch unterstützt werden müssen. Ziel sollte immer der Erwerb einer wachsenden Selbstständigkeit im Lernprozess sein.

Selbstständiges und individuelles Lernen fördern
Selbstständigkeit ist eine Kernkompetenz, die erst Schritt für Schritt erworben werden kann. Im Regelschulsystem, in dem der Unterricht noch stark lehrergelenkt ist, ist es sicher richtig, zu Beginn Arbeitsformen zu wählen, in denen Schüler erst einmal ein kleiner Freiraum zugestanden wird, den sie selbst zu steuern lernen. In der Grundschule wird daher oft mit Wochenplanarbeit begonnen. Kinder lernen, sich selbst die Zeit und die Reihenfolge für die Erledigung der Wochenplanaufgaben, die der Lehrer vorgibt, einzuteilen. Zunehmend eröffnet sich dann die Möglichkeit, neben dem vorgeschriebenen Pflichtpensum „Küraufgaben" wählen zu dürfen. Auch beim Stationenlernen teilen noch Lehrende einen Themenkomplex in einzelne Lernstationen auf. Diese erlauben dann die selbstständige Bearbeitung wichtiger Aspekte eines Themas. Die Aufgaben trainieren zum Teil auch unterschiedliche Methoden, bieten verschiedenen Lerntypen gute Zugangsmöglichkeiten und können in selbstgewählter Reihenfolge durchlaufen werden. In der Regel wird zwischen einem Pflicht- und Küraufgabenbereich unterschieden, den der Lehrer vorher festgelegt hat. Beim Stationenlernen ist Leistungserwartung nicht mehr an einen bestimmten Lernweg, wie etwa beim fragend-entwickelnden Unterricht gekoppelt. Lerntempounterschiede werden berücksichtigt, Sozialformen (Einzel-, Partner- oder Kleingruppenarbeit) sind in der Regel frei wählbar. Stationen werden von Lehrern auch danach konzipiert, ob sie der Erarbeitung oder der individuellen Vertiefung eines Themas dienen. Bei Letzterem hätten sie eine klassische Sandwich-Position (vgl. Kap. 3.2), wenn noch eine gemeinsame, abschließende Reflexion erfolgt.

Wenn die Eigenaktivität der Lernenden noch weiter gestärkt werden soll, muss das Spektrum der aktiven Schülerbeteiligung erweitert werden. Dann geht es zusätzlich um die freie Wahl von Aufgaben und die Bearbeitung eines selbstgewählten Themas oder Vorhabens. Einen noch entschiedeneren Schritt in diese Richtung gehen Schulen, die eine hohe Zahl an Wochenstunden für das selbstständige Lernen ihrer Schülerinnen und Schüler offiziell in den Stundenplan einarbeiten. Sie lassen dabei nicht nur freie Themenwahl zu, sondern bieten ihren Schülerinnen und Schülern auch die Möglichkeit an, im eigenen Tempo selbstständig Kompetenzen in einzelnen Fächern zu erwerben. Eine dieser Schulen ist die Max-Brauer-Gesamtschule in Hamburg, in der Kinder aller Klassen von der Grundschule bis zum Ende der Sekundarstufe I und II vielfältige Möglichkeiten selbstständigen Lernens erfahren. Die Max-Brauer-Schule erweist sich nicht nur als ein exemplarisches Beispiel für die Individualisierung des Lernens in der gesamten Schulzeit, sondern auch für viele Aspekte der BASIS-Philosophie, ganz besonders auch für das Anliegen des nächsten Kapitels. Die in den Praxis-Tipps dargestellten Beispiele aus Gesamtschulen zeigen im Einzelnen, wie ein Weg zum selbstständigen Lernen begonnen werden kann und wie sich eine Schule ändert, die ihn konsequent zu Ende geht.

PRAXIS-TIPP
Lernentwicklungsgespräche

Viele Schulen führen bereits seit langem Lernentwicklungsgespräche mit ihren Schülerinnen und Schülern durch. In regelmäßigen Abständen finden spezielle „Schülersprechtage" statt, aber auch intensive und sehr persönlich gestaltete Elternsprechtage. Verwiesen sei hier besonders auf die Grundschule Kleine Kielstraße in Dortmund, Preisträgerin des Deutschen Schulpreises 2006, die für die Einschulungsphase und die Übergänge in die nächste Klasse wirksame individuelle Gesprächsgelegenheiten geschaffen hat (Fauser/Prenzel/Schratz 2007).

Im Gespräch aller Beteiligten zu einem Ziel zu kommen, das mit den vorhandenen Ressourcen auch tatsächlich verwirklicht werden kann, ist ein kritischer Punkt. Mindestens folgende fünf Kriterien sollten erfüllt sein:

▸ Das Ziel muss durch Eigeninitiative des Lernenden erreichbar sein. Schüler, Eltern und Lehrer müssen wissen, dass nur die Betreffenden selber es in der Hand haben, eine Änderung herbeizuführen. Hilfreich können folgende Gesprächshinweise sein:
  – Was kannst du von dir aus schaffen?
  – Du kannst dir von anderen nur wünschen, dass sie sich ändern, aber es steht nicht in deiner Macht, dass sie es tun.

▸ Das Ziel muss positiv formuliert werden. Hilfreiche Gesprächshinweise sind:
  – Wie genau soll dein neues Verhalten aussehen?
  – Es reicht nicht, wenn du nur sagst, was du ab jetzt nicht mehr tun willst (zum Beispiel: „Ich störe nicht mehr"). Je genauer deine Vorstellung von dem ist, was du erreichen willst, desto eher wird sie dich zum Ziel führen.

▸ Ein längerfristiges Ziel muss in Einzelschritte aufgeteilt werden können. Mittel- oder langfristige Ziele müssen in kurzfristig erreichbare Ziele unterteilt werden, deren Erfolg deutlich sicht- oder spürbar ist. Für Kinder sind je nach Alter und Anstrengungsverhalten zwei bis vier Wochen ein guter Zeitraum für die Verwirklichung kleinerer Zwischenziele. Hilfreich ist es, Zwischenziele schriftlich zu fixieren.

▸ Raum und Zeit für das Lernen und einzelne Unterstützungsmaßnahmen müssen genau beschreibbar sein. Hilfreiche Fragen sind:
  – Um welche Uhrzeit setzt du dich zum Lernen hin? Für wie lange?
  – Wie sieht dein Arbeitsplatz aus?
  – Wer kann dich unterstützen (zum Beispiel abfragen)?
  – Das Ziel muss in den Kontext des familiären und schulischen Hintergrundes des Lernenden passen.
  – Unpassende, nicht realisierbare Ziele sind durch das genaue Nachfragen gut erkennbar und sollten dann auf ein realistisches Niveau gebracht werden.

Noch eine Anmerkung aus neurowissenschaftlicher Sicht: Zielbilder sollten deswegen positiv formuliert werden, weil unser Gehirn auf Negationen zunächst ein Bild des Unerwünschten produziert. Oder was passiert bei Ihnen, wenn ich Sie auffordere: „Denken Sie nicht an den blauen Elefanten"?

PRAXIS-TIPP
Ein Weg zum selbstständigen Lernen

Die Peter-Ustinov-Gesamtschule Monheim mit den Klassenstufen 1 bis 13 beschritt folgenden Weg, um ihren Schülerinnen und Schülern Gelegenheit zu geben, sich mit eigenen Lernthemen auseinanderzusetzen und Lernwege von der „Forscherfrage" bis zur Präsentation der Ergebnisse zu durchlaufen. Mit einer Doppelstunde „Selbstständiges Lernen (SL)" wurde im 5. Jahrgang begonnen. Sie wurde zunächst von beiden Klassenlehrern geleitet, die ihre Kinder dabei unterstützen wollten, sich eigene Themen zu suchen und zu erarbeiten.

Folgende Vorarbeiten und Arbeitsschritte erwiesen sich nach einer längeren Periode des Ausprobierens für eine Einführung in SL als nützlich:

Von den Schülerinnen und Schülern zu erlernende Arbeitsschritte
- Schritt 1: „Ich wähle ein Thema und schreibe kurz auf, warum ich es auswähle und was ich schon darüber weiß."
- Schritt 2: „Was möchte ich jetzt noch wissen oder tun?"
- Schritt 3: „Ich finde Antworten auf meine Fragen in Büchern und anderen Quellen. Dabei schreibe ich wichtige Wörter (Schlüsselwörter oder Stichwörter) auf und notiere dabei, woher ich sie habe."
- Schritt 4: „Mit den Schlüsselwörtern plane ich meinen Text und schreibe ihn gut verständlich auf."
- Schritt 5: „Ich ergänze meinen Text mit Bildern, Zeichnungen, Fotos."
- Schritt 6: „Ich entwerfe ein Deckblatt, nummeriere die Seiten und erstelle ein Inhaltsverzeichnis."
- Schritt 7: „Ich trage meine Arbeit – oder einen Teil von ihr – vor."

Gedankliche Vorarbeiten der Lehrerinnen und Lehrer
- *Finden eines geeigneten Rahmenthemas.* Es sollte Lehrende und Lernende interessieren und viele individuelle Unterthemen ermöglichen. Eines der ersten Rahmenthemen waren „Vögel". Nach gemeinsamer Einführung wählten die Kinder dann für ihr erstes eigenes Thema eine Vogelart aus.
- *Finden geeigneter Forscherfragen.* Diese können das Rahmenthema betreffen, aber auch Leitfragen für ein individuell gewähltes Unterthema sein. Zum Rahmenthema „Vögel": Wo leben Vögel, wie gut können sie fliegen, wie ziehen sie ihre Jungen groß, was ist das Besondere an einzelnen Vogelarten, der von mir gewählten Vogelart?
- *Grundregeln für die Arbeitsabläufe in den SL-Stunden festlegen.* Zum Beispiel: Für jeden Stundenbeginn gilt das Motto:
  Achtung! Alles, was ich zur Arbeit brauche, liegt vor mir!
  Fertig! Ich arbeite leise! Bei Partnerarbeit flüstere ich!
  Los! Ich schreibe mein Ziel für heute ins Lernprotokoll auf!

- *Strukturieren der Aufgabenfolge und Arbeitsabläufe.* Die Arbeitsabläufe wurden zunächst von Schritt 1–4 am gemeinsamen Rahmenthema eingeübt und dann am eigenen Unterthema (später an frei gewählten Themen) vollständig und selbstständig durchgeführt.
- *Planen von Hilfen und Unterstützungsmaßnahmen für die Präsentation.* Man kann zum Beispiel den Kindern helfen, inhaltlich interessante Aspekte der Arbeit für den Vortrag auszuwählen und über eine Zuschauerbeteiligung nachzudenken (etwa ein Quiz zum Thema vorzubereiten). Auch Vortragstechnik ist wichtig, wie lautes deutliches Sprechen und Blickkontakt zur Klasse halten.
- *Feedbackregeln für die Klasse festlegen.* Dabei sollte man nach dem Motto verfahren: Positives zuerst! Was war gut, hat besonders gefallen, war sehr interessant? Zur Vortragsgestaltung: War alles verständlich, gab es Blickkontakt, wie gerne hat man zugehört? (Ein entsprechender Jurybogen für die Klasse findet sich bei Budniak 2002.) Nach notwendiger Kritik in Form von Verbesserungsvorschlägen darf der Dank an die Vortragenden nicht fehlen.

Praktische Vorarbeiten der Lehrerinnen und Lehrer
- *Finden und Zugänglichmachen möglichst vieler Informationsquellen zum Thema.* Zum Beispiel: Bücherkisten aus Stadtteilbibliotheken und Büchereien zum Thema zusammenstellen lassen, Büchereibesuch vorbereiten, Museen oder andere Ausstellungsorte für das Thema suchen, Experten (auch andere Lehrer oder Schüler) in die Klasse einladen, Recherche im Internet üben.
- *Geeignete Klassenraumgestaltung und Materiallagerung planen.* Tische sollten passend gruppiert werden oder leicht gruppiert werden können. Sitzkreise sollten ebenfalls möglich sein. Platz für Bücherkästen, die Hefter und Ordner der Kinder, Scheren, Kleber und so weiter. muss gefunden werden, Wandflächen und Fensterbänke sollten für Ausstellungsstücke da sein.
- *Sonstige unterstützende Maßnahmen vorbereiten.* Für das Recherchieren und das Erstellen von Texten erwies es sich als günstig, in Zusammenarbeit mit den Deutschlehrerinnen eine „Werkzeugkiste" zu entwickeln, die in leicht verständlicher Form Anleitungen zu den Themen „Markieren von Texten", „Schlüsselwörter finden" und sogar „Abschreiben" enthielt. Lehrende bestanden allerdings auch bei schwachen Schülern zumindest auf leichten Umformulierungen eines Buch- oder (später) eines Internettextes. Eine Kollegin richtete in ihrer Klasse mit den besten Schreibern an einem Gruppentisch ein „Rechtschreibbüro" ein. Hier konnten sich unsichere Schülerinnen und Schüler Hilfe holen. Da im Arbeitsprozess immer wieder auch schon gute Teilleistungen von allen „besichtigt" werden konnten, fand ein beträchtliches Maß an peer learning in Bezug auf erfolgreiche Lernprozesse statt. Dies steigerte das Anspruchsniveau vieler Lerner, sie wollten es ebenso gut machen wie ihre Mitschüler.

PRAXIS-TIPP
Konsequente Abkehr vom Gleichschritt im Schulalltag der Klassen 1 bis 13

Im Motto der Max-Brauer-Schule Hamburg „Abschied vom Gleichschritt" kommt zum Ausdruck, was angestrebt wird. An dieser Schule hat der weithin übliche lehrerzentrierte Frontalunterricht, der Schülerinnen und Schüler zu einer gleichschrittigen Aufnahme von Lehrstoff bringen möchte, seine Dominanz völlig verloren. So individuell, ganzheitlich und schülerorientiert wie möglich soll hier Lernen möglich sein. Dieses Prinzip wird in allen Stufen der Gesamtschule mit den Klassenstufen 1 bis 13 durchgehalten.

Grundschularbeit: Lernplanung und Reflexion
Ziel der Grundschularbeit ist es, dass Schüler in ihrem eigenen Tempo lernen und selbst herausfinden, wie sie das am besten tun. Dies geschieht in Gesprächskreisen, die der Planung und Reflexion dienen. Es gibt kompetenzorientierte Planungsübersichten und Planungshefte für die Schüler und 2 Stunden Freie Arbeitszeit pro Tag für Wochenpläne. Von den Lehrenden erfordert dies das Erstellen individuell bearbeitbaren Unterrichtsmaterials, das sich an den Anforderungen der Kompetenzraster eines Faches ausrichtet.

Sekundarstufe I: Lernbegleitung und Projektarbeit statt Frontalunterricht, Lernentwicklungsberichte statt Noten
Diese Arbeit findet ihre Fortsetzung in der Sekundarstufe I, in der der traditionelle Fachunterricht durch Arbeit in Lernbüros, Werkstätten und im Projektunterricht abgelöst wird.

In den *Lernbüros* werden fachliche Kompetenzen durch individuelles selbstständiges Arbeiten mit Hilfe von Kompetenzrastern erworben, und zwar für die Fächer Deutsch, Englisch und Mathematik. Jede Schülerin, jeder Schüler plant ihr beziehungsweise sein eigenes Lernvorhaben, anfangs mit Lehrerunterstützung, später weitgehend selbstständig. Behilflich sind hier erlernte Arbeitstechniken und vorgegebene Checklisten sowie Eingangstests (vgl. Wellenreuthers Vorschlag in Kap. 3.2), mit deren Hilfe der Ist-Stand und das zu erarbeitende Lerngebiet festgelegt werden. Nach der individuellen Bearbeitung des Materials wird zum Schluss die erreichte Kompetenz mit einem Abschlusstest wieder überprüft. Dieser Test kann bei Nichtbestehen wiederholt werden. Es geht nicht vorrangig um die Bewertung von Leistung in einem festgelegten Zeitrahmen, sondern – wie in Skandinavien – um die Tatsache des individuellen Leistungszuwachses.

Im Lernbüro hat die Lehrkraft vorwiegend die Aufgabe einer Lernbegleitung: Planungsunterstützung für das nächste Lernziel, Arbeitsreflexion am Ende der Woche, Tests und Feedbackgespräche. Sie organisiert aber auch immer wieder kurze Frontalphasen, zum Beispiel zur Einführung in ein Thema, zur mündlichen Arbeit im (Fremd-)Sprachunterricht, zur Ergebnissicherung durch unterschiedliche Angebote und Medien.

Im *Projektunterricht* findet fächerübergreifendes Lernen statt. Gesellschaftslehre und Naturwissenschaften steuern hierzu alle Stunden bei, Arbeitslehre, die musischen Fächer, Deutsch und Mathematik treten je 1 Stunde dafür ab. Die Themen haben für die Altersgruppen persönliche, aber auch gesellschaftliche und praktische Relevanz. Aus ihnen werden Aufgaben formuliert und Arbeitspläne für jeweils 6 sechswöchige Projekte im Jahr erstellt. Lernen ist hier immer mit individueller und gemeinsamer Erfahrung verbunden.

Der *Werkstattunterricht* kommt weitgehend persönlichen Neigungen und dem Ausprobieren unterschiedlicher Fertigkeiten (zum Beispiel in Instrumental- und Zeichenkursen) entgegen. Zudem unterrichten hier nicht nur Lehrer, sondern auch Schüler.

Schülerinnen und Schüler erhalten anstelle von Noten bis Ende der 8. Klasse *konstruktive Leistungsrückmeldungen oder Lernentwicklungsberichte*. Bemerkenswert ist, dass die Max-Brauer-Schule nicht nur Preise gewonnen, sondern auch bei den Leistungstests von PISA, IGLU und TIMMS besonders gut abgeschnitten hat.

Oberstufe: Individuelle Stärken ausbilden durch selbstgestellte Aufgaben
Zeitliche, inhaltliche und organisatorische Freiräume für die Individualisierung des Lernens gibt es auch in der Arbeit der Profiloberstufe. Schülerinnen und Schüler können individuelle Stärken und Interessen in mindestens einer selbstgestellten Aufgabe in der Oberstufe zum Ausdruck bringen. Sie konzipieren, bearbeiten, reflektieren und dokumentieren diese Arbeit selbstständig. Abgestimmt wird der Gegenstand der selbstgestellten Aufgabe mit den Fachlehrern und -lehrerinnen, in deren Unterricht die Bearbeitung des selbsterarbeiteten Inhaltes einbezogen wird. Auch im fächerübergreifenden Arbeiten im Kurssystem zu gemeinsamen Oberthemen werden Lern- und Arbeitsformen angewandt, die den Lernenden Selbstständigkeit und Eigenverantwortung ermöglichen.

3.5 Stärken stärken und erfolgsorientiert arbeiten

Gardners (1991) Konzept der multiplen Intelligenzen weist auf das breite Spektrum menschlicher Fähigkeiten hin, die weder von den gängigen Intelligenztests erfasst noch von Schulfächern zur Gänze abgedeckt werden. Es ist sein Verdienst, neben den klassischen linguistischen und mathematisch-logischen Intelligenzen auf Intelligenz im naturwissenschaftlichen, musikalischen, bildlich-räumlichen, kinästhetischen, inter- und intrapersonalen Bereich hingewiesen zu haben. Damit benannte er die Gebiete, auf denen sich besondere Fähigkeiten zeigen und entwickeln können. Dichter und Übersetzer, Mathematiker und Computerspezialisten, Naturforscher, Dirigenten und Komponisten, Architekten und Maler, Tänzer und Chirurgen, Psychologen, Pädagogen und Politiker, Philosophen und Religionsstifter repräsentieren jeweils ein besonderes Intelligenzprofil. Solche Profile zeigen selten einheitlich gute Fähigkeiten, wie auch andere Wissenschaftler (Csikszentmihalyi et al. 1993; Simonton 1997; Winner 2007) belegen konnten. Offensichtlich ist jeder von uns ein Unikat mit besonderem Profil. Selten finden wir Universalgenies wie Goethe oder Leibniz, eher schon Hochbegabte wie Beethoven, die auf anderen Gebieten keine besonderen Fähigkeiten haben. So sagt man Letzterem etwa nach, dass seine sprachlichen Fähigkeiten nicht sehr ausgeprägt gewesen seien. Wie schade wäre es, wenn er seine Energien nur für den Ausgleich dieser Schwächen aufgewandt hätte!

Menschen sind vielfältig begabt

Auch aus gesellschaftlichen Gründen wäre es wichtig, unsere Schulkinder in ihrer Persönlichkeit und in ihren Stärken mehr zu fördern. Die Umorientierung auf eine Wissensgesellschaft der Zukunft wird vermutlich neue berufliche Anforderungen an unsere Kinder stellen. „Die wichtigsten Produktionsfaktoren sind nicht mehr Arbeit und Kapital […], die neuen Tugenden der nachindustriellen Produktion heißen Kreativität, Emotion, Wissen und Erfahrung", schreibt Füller (2009, S. 211f.). Gerade Kreativität braucht Freiräume, in denen sie sich entfalten kann. Wissenserwerb ist – wie schon ausgeführt – eng vernetzt mit Emotionen. Selbstwertgefühle spielen eine erhebliche Rolle für die Leistungsmotivation und das Durchhaltevermögen. Erfolge sind ein wichtiger Motor, der uns antreibt, immer wieder neue Erfahrungen zu machen. Erfolge werden am leichtesten auf Gebieten erworben, auf denen wir uns als stark erweisen und ein positives Feedback durch unsere Umwelt erhalten.

Dies alles spricht für ein Schulleben, das viele Möglichkeiten zur Erprobung unserer multiplen Fähigkeiten bereithält. „Unsere Schüler brauchen viel mehr Herausforderung für neue Erfahrungen. Nur so können sie herausfinden, was sie alles draufhaben." (C. Johnson, zitiert nach Füller 2009, S. 207)

„Jeder hat Stärken, die er einbringen kann", so sagte einmal ein Kollege von der Max-Brauer-Schule. Und Andreas Schleicher, der Koordinator der PISA-Studie empfahl, der Lehrende sollte den Blick auf die Lernenden verändern. „Es geht um eine andere Einstellung zu den Schülern: Lehrerinnen und Lehrer müssen davon ausgehen, dass gewöhnliche Schüler außergewöhnliche Fähigkeiten haben. Sie müssen die

Verschiedenheit ihrer Schüler, ihre unterschiedlichen Interessen und Fähigkeiten, die Unterschiede in ihrem sozialen Umfeld konstruktiv aufnehmen." (Schleicher in einem WDR-Interview mit Karl Heinz Heinemann am 3.2.2007). Die allgemeine Lebenserfahrung zeigt uns, dass wir dort Erfolg haben, wo wir gut sind, und genau dort müssen wir unsere Kräfte ausbauen. Ziegler (2007, S. 126) meinte einmal etwas spöttisch über unsere Neigung, Allgemeinbildung nur als vielseitige Breitenbildung zu verstehen: „Niemand kann gleichzeitig Fußball- und Handballnationalspieler sein." Auch die Zukunft verlangt wahrscheinlich weniger nach vielen Menschen, die über ein enzyklopädisches Wissen verfügen. Stärken und Kreativität sind gefragt, und das auf vielen Gebieten.

Viele Schulen beschreiten diesen Weg bereits. Sie suchen Möglichkeiten, die Stärken ihrer Schülerinnen und Schüler offenzulegen und in mehrfacher Hinsicht zu stärken. Die gemeinsame Überzeugung, Unterricht und Schulleben stärken- und erfolgsorientiert zu gestalten, ist selten in Schulen von heute auf morgen entstanden. Oft waren es zunächst nur wenige Kolleginnen und Kollegen oder einzelne Schulleitungsmitglieder, die sich dieser Idee öffneten. Es mag begeisternde Vorbilder gegeben haben, manchmal war es vielleicht auch in erster Linie der Leidensdruck, der zur Suche nach Veränderung antrieb. Immer aber brauchte eine solche Entwicklung viel Zeit und kollegiale Überzeugungsarbeit. Aber nicht nur pädagogische Haltungen und Methoden der einzelnen Lehrerinnen und Lehrer mussten sich verändern, sondern auch die Schulorganisation, wenn die Entwicklung schulweit zu spüren sein sollte. Lehrer können zwar für sich beschließen, erfolgs-, stärken-, beziehungsorientiert und individualisiert zu arbeiten und in ihrem Unterricht aktives Lernen zu ermöglichen. Sie können in den kleinen und doch so wirksamen Dingen des Alltags diese Haltung mit ihren Schülern leben. Sie können sie durch Worte und Gesten ermuntern, „im Feld des Lernens zu bleiben" und sie zu guten Leistungen herausfordern. Schulweit wird ein Klima aber nur lernfreundlich, wenn auch die Unterrichtsorganisation und die Eckpfeiler des Schullebens entsprechend gestaltet werden. Die Erfolgsfaktoren und die Stolpersteine einer Implementation neuer pädagogischer Ideen ist ein Feld, das unbedingt näherer Betrachtung bedarf. Oder anders gesagt: Nur eine neue Grundphilosophie im Sinne von BASIS zu haben, reicht nicht aus! Es ist eine notwendige, ja unabdingbare, aber keine hinreichende Bedingung für Veränderung.

Nachfolgend werden drei bereits in vielen Schulen praktizierte Möglichkeiten vorgestellt, mit denen stärken- und erfolgsorientiertes Arbeiten umgesetzt werden kann.

Stärkenorientierung

Projekt- oder projektorientierter Unterricht

Im Projektunterricht geht es um die selbstständige Begegnung von Lernenden mit einem möglichst realitäts- und lebensnahen Thema. Die Vorgehensweise kann – wenn auch eine sorgfältige Vorplanung und Vorstrukturierung notwendig ist – durchaus als ein „learning by doing" gekennzeichnet werden. Charakteristisch für Projektunterricht sind fünf folgende Merkmale (vgl. Emer/Lenzen 2008, S. 17f.). Er ist:

- subjektorientiert (berücksichtigt Interessen und Fähigkeiten der Schülerinnen und Schüler)
- tätigkeitsorientiert (umfasst auf ein Endprodukt ausgerichtete Aktivitäten)
- realitäts- und erfahrungsbezogen (bezieht sich auf die Lebenswelt der Lernenden)
- interaktionsbetont (lässt Schülerinnen und Schüler mitplanen, fordert Kooperation)
- ganzheitlich (vernetzt kognitive, emotionale und soziale Anteile)

Auf diese Weise unterstützt Projektunterricht genau die Punkte, die auch aus neurowissenschaftlicher Sicht motivierend wirken. Schüler können auf ihren vorhandenen Stärken aufbauen und ihren individuell unterschiedlichen Lernwegen in ihrem Tempo folgen, ohne dabei die Gemeinsamkeit mit anderen aufgeben zu müssen. Das Lernen ist also sowohl selbstbestimmt als auch gemeinsam, macht Stärken sichtbar und baut auf ihnen auf. Nur so lässt sich in der Regel ein zufriedenstellendes Endprodukt erreichen.

Projektunterricht fordert Lernende heraus, denn er verlangt nicht nur Anwendung fachlichen Wissens, sondern auch überfachliches Denken und interaktives Vorgehen. Ebenso fordert er Lehrende heraus: Deren Fähigkeit zur Gestaltung gleichartiger kollektiver Lernphasen ist hier nur minimal gefragt. Hier nimmt die Vorplanung und Vorstrukturierung der Rahmenbedingungen von Lernprozessen einen großen Raum ein.

Notwendig: Flexibilität und Offenheit

Zugleich müssen Lehrende aber offen sein für alle individuellen Anregungen und Veränderungen, die sich durch die Schüler ergeben und diese zielorientiert einbauen. Sie unterstützen Einzelne und kleine Gruppen bei höchst unterschiedlichen Aktivitäten, dürfen dabei aber das gemeinsame Endprodukt und dessen Präsentationsmöglichkeiten nicht aus den Augen verlieren. Dies erfordert ein Höchstmaß an Flexibilität und gleichzeitiger Zielgerichtetheit. Meist wird dies als recht anstrengend, aber auch außerordentlich lohnend empfunden. Es entsteht ein enger Bezug zwischen Lehrenden und Lernenden, viel Stolz und Freude auf gemeinsam Erreichtes und auf die Entdeckung außergewöhnlicher Fähigkeiten gewöhnlicher Schüler.

Schulen, die bereits sehr viele positive Erfahrungen mit Projektwochen gemacht haben, profitieren von dieser Arbeitsform nicht nur mehrmals im Jahr, sondern arbeiten auch im „normalen" Unterricht projektorientiert. Sie erreichen durch Epochenunterricht, fächerübergreifenden Unterricht oder Themenwochen, dass ein Thema mit lebenspraktischem Bezug handlungsorientiert angegangen wird. So können mehr Stärken auf Schülerseite entdeckt und ausgebaut werden.

Öffnung des Schullebens für außerunterrichtliche Aktivitäten

Manche Schulen, wie zum Beispiel die Grundschule Kleine Kielstraße in einem Dortmunder Arbeiterviertel oder die Clara-Grunwald-Schule in einem ähnlichen Viertel in Hamburg, geben ihren Schülerinnen und Schülern auch außerhalb des Unterrichts Gelegenheit, sich zu erproben und ihre außerunterrichtlichen Fähigkeiten zu demonstrieren und auszubauen. Es ist ihnen wichtig, dass die Kinder ihr Wissen und Können unter Beweis stellen. Erfolge beim Theaterspielen, bei Mädchen- und Jungenfußballmannschaften, beim Musikmachen, Vorlesen für Jüngere, kreativen Gestalten der Schulräume haben oft eine kompensatorische Wirkung für Kinder mit geringeren Erfolgen in klassischen schulischen Leistungsbereichen. Leistung wird hier als Ergebnis von kognitivem, emotionalem und sozialem Lernen verstanden. Ein gutes Beispiel für Schulen, deren Maxime es ist, von den Stärken und Entwicklungspotentialen ihrer Schülerinnen und Schüler auszugehen, bieten interessanterweise schulische Einrichtungen für Kinder, die aufgrund ihrer Lern- und Verhaltensprobleme keine Regelschule mehr besuchen. Dazu zählt zum Beispiel in der Schweiz das weithin bekannte Internat Beatenberg, in Deutschland unter anderem die Kaspar-Hauser-Schule in Überlingen.

Neue Impulse durch außerunterrichtliche Aktivitäten

Diese Schulen betonen einerseits das individualisierte Arbeiten nach Wochenplänen und Kompetenzrastern, auf der anderen Seite aber den musisch-künstlerischen Bereich, Werken, Gartenarbeit und andere handwerklich-praktische und sportliche Betätigungen. Auf diese Weise ermöglichen sie die Entfaltung unterschiedlicher Lernpotentiale und individueller Interessen.

Eine stärkere Tradition, Schüler in ihrer ganzen Persönlichkeit zu sehen und weiterzuentwickeln, gibt es auch in Großbritannien. Dort sind selbst bei der zentralen Vergabe von Studienplätzen nicht nur die Noten wichtig. Es wird nach den musischen, sportlichen und sozialen Fähigkeiten der Schulabsolventen gefragt, nach ihren persönlichen Triebfedern für ihr gewünschtes Studium und nach Referenzen, die für das eine oder andere sprechen. Hierzulande interessieren sich Universitäten kaum für solche Aspekte ihrer zukünftigen Studenten.

Ansätze dieser Denkrichtung lassen sich bei uns auf schulischer Seite im Hinblick auf die Portfolio-Arbeit erkennen. Wie im Europäischen Sprachen-Portfolio vorgesehen, geht es dabei nicht nur um eine Einschätzung durch Schüler und Lehrer in Bezug auf die jeweils erreichten und in Zukunft zu erreichenden Kompetenzen, sondern auch um das Sammeln besonders gut gelungener Arbeiten, die die eigenen Stärken demonstrieren und um das Sammeln auch außerschulischer Zertifikate.

Orientierung am eigenen Leistungszuwachs

Viele Schulen, die bereits genannt wurden, haben dem individualisierten Arbeiten einen großen, wenn nicht sogar den größten Raum im Stundenplan zugestanden. Auf diese Weise ist für die Schüler spürbar nicht mehr eine allgemeine Richtschnur das Maß schulischer Leistung, sondern der eigene Fortschritt. Schülerinnen und Schüler können auf diese Weise im eigenen Lerntempo in die Zone der nächsten Entwicklung kommen. Der sonst übliche ständige „öffentliche" Vergleich mit Mitschülern entfällt weitgehend und das Vorgehen orientiert sich eher am Zuwachs der eigenen Kräfte und Fähigkeiten als an einer sozial verbindlichen Norm. Auffällig ist, dass einige leistungsstarke Schulen – auch in schwierigen Stadtvierteln – weitgehend auf Benotung verzichtet haben und stattdessen mit Portfolios und Lerntagebüchern arbeiten. Sie begründen dies mit dem unnötigen Druck, der durch Noten entsteht, und einem drohenden Verlust an Selbstvertrauen ihrer Schülerinnen und Schüler. Hinweise auf diese Möglichkeit negativen Einflusses gibt eine Untersuchung an je 18 Grundschulen in Bayern, die mit und ohne Benotung in Deutsch und Mathematik im zweiten Schuljahr 2004 an einem Modellprojekt teilnahmen. Es ergab sich folgender Zusammenhang zwischen dem schulischen Selbstvertrauen der Kinder und der Notengebung: In der Untersuchung wurde deutlich, dass sich durch die Einführung von Ziffernnoten die Kluft zwischen leistungsstarken und leistungsschwachen Kindern vergrößern kann. Zunächst nehmen mit der Noteneinführung die sozialen Vergleiche unter den Schülern zu. Es zeigte sich, dass besonders die leistungsschwächeren durch schlechtere Schulnoten in ihrer unterrichtlichen Mitarbeit gebremst werden, während leistungsstarke durch Notengebung eher angespornt werden. Auf diese Weise kann durch Noteneinführung sowohl eine Spirale „nach oben", aber auch „nach unten" angestoßen werden (vgl. Zeinz/Köller 2009, S. 43). Köller regt daher an, in Klassen mit Notengebung die individuellen Lernfortschritte von Kindern besonders zu berücksichtigen und sie auch den Schülerinnen und Schülern zurückzumelden. „So können sich Kinder im Unterrichtsgeschehen als kompetent erleben und erfahren, dass sich Anstrengung lohnen kann. Damit kann letztlich sowohl das schulische Selbstvertrauen als auch das Leistungsvermögen gesteigert werden." (Zeinz/Köller 2009, S. 43) Die Autoren meinen weiterhin, dass die Untersuchungsergebnisse durchaus auch zu der Frage anregen könnten, ob im Bereich der Grundschulen eine Notengebung pädagogisch sinnvoll sei. Sie verweisen in diesem Zusammenhang auf die weitgehend notenfreien skandinavischen Länder, die in der PISA-Studie ein hohes durchschnittliches Leistungsniveau ihrer Schulkinder belegen konnten.

4 Ein Weg zu mehr Kompetenz und Begabungsentfaltung in unseren Schulen

Das Ziel, mehr Kompetenz und Begabungsentfaltung in unseren Schulen zu erreichen, ist unstrittig und eint – zumindest auf der Ebene der Willensbekundungen – alle bildungspolitischen und pädagogischen Initiativen. Diese Einigkeit darf nicht darüber hinwegtäuschen, dass divergierende Auffassungen zur Begabungsentfaltung und zu schulischem Lehren und Lernen zu sehr unterschiedlichen Lösungsmöglichkeiten führt. Berücksichtigt man Ergebnisse der neurowissenschaftlichen Forschung, so ergibt sich zwar ein Plädoyer für eine lern- und leistungsfreundliche Schule auf der Grundlage der BASIS-Philosophie. Die Frage bleibt aber, wie diese ihren Weg in die bestehende schulische Praxis finden kann. Dies aufzuzeigen ist das Anliegen dieses Kapitels.

In den Köpfen von Lehrenden, Lernenden und Eltern – und daher auch als Praxis im Schulleben – halten sich bis heute einige überholte Vorstellungen, die nach modernen Erkenntnissen endgültig in die Mottenkiste gepackt werden und nur noch zum Zwecke der Abschreckung daraus hervorgeholt werden sollten. Diese in Kapitel 4.1 aufgeführten Vorstellungen und Praktiken haben sich als Hemmschuhe auf dem Weg zu einer lernfreundlichen Schule erwiesen.

Nach dem PISA-Schock von 2001 sind einige wichtige bildungspolitische Reformen beschlossen worden, die in Kapitel 4.2 aus der Perspektive der BASIS-Philosophie kommentiert werden sollen.

Der seit 2006 verliehene Deutsche Schulpreis zeichnet Schulen aus, die gleichermaßen lernfreundlich, leistungsfähig und erfolgreich im Umgang mit Vielfalt sind. Diesen Best-Practice-Schulen ist das Kapitel 4.3 gewidmet. Die Frage ist, wie es ihnen gelingt, eine Balance zwischen guten Beziehungen aller am Lernprozess Beteiligten und einem hohen Anspruchsniveau herzustellen, vielseitige Begabungen zu unterstützen und sowohl individualisiertes als auch gemeinschaftsförderndes Lernen zu ermöglichen. An der Entwicklungsgeschichte dieser Schulen wird zugleich deutlich, welche organisatorischen Rahmenbedingungen erkämpft und traditionellen Auffassungen des Regelsystems überwunden werden müssen.

Kapitel 4.4 befasst sich daher mit der notwendigen Passung von pädagogischen und organisatorischen Modellen. Insbesondere interessiert hier die Frage, welche organisatorischen Rahmenbedingungen die pädagogischen Handlungsfelder auf der Grundlage von BASIS bestmöglich stützen könnten. Zugrunde liegt das Gedankengebäude einer OECD-Studie von 1988, die kongruente idealtypische Modelle in der Schulentwicklung ausmachen konnte. In dieser Studie wird auch deutlich, wie bruchstückhaft innovative pädagogische Ideen nur in einem System implementiert werden können, in dem pädagogische Konzepte auf eine inkongruente Organisation stoßen. Es geht also im weitesten Sinne um die Frage, wie ernst es Entscheidungs- und Wandlungsträgern ist, über einen gekonnten Präambeltext hinaus tatsächlich eine innovative lern- und leistungsfreundliche Schule für unsere Kinder entstehen zu lassen.

4.1 Welche Konzepte und Praktiken wir in die Mottenkiste packen müssen

Schule ist keine bloße Wissensvermittlungsmaschine

Wir sollten uns vom Gedanken verabschieden, wir könnten in der Schule Sach- und Beziehungsebene trennen, mehr noch – beide hätten nichts miteinander zu tun. Einseitige rein kognitive Förderung bringt ebenso wenig Menschen hervor, die ihr volles menschliches Potential entfalten können und einer demokratischen Gesellschaft dienen, wie eine nur auf emotionale Förderung ausgerichtete Pädagogik. Weder eine missverstandene, weil nur fordernde Eliteausbildung noch eine reine „Kuschelpädagogik", die nur fördern will, ist das, was wir brauchen. Es sind Extreme, die wesentliche Teile des Lernens und Persönlichkeit-Werdens einfach ausblenden. Unsere Gehirne sind nicht nur Denk-, sondern auch – vielleicht sogar in erster Linie – Sozialorgane.

Auf Lehrerseite verkennen Sprüche wie „Ich unterrichte Fächer, keine Kinder!" oder „Ich habe einen Vertrag mit dem Land und allenfalls mit dem Lehrplan, aber nicht mit meinen Schülern!" die neuro- und erziehungswissenschaftliche Basis menschlichen Lernens. Man könnte allenfalls so sprechen, wenn man Unterrichten als reine Stoffvermittlung ansieht, bei der keine Verantwortung dafür besteht, ob und was in den Köpfen der Zuhörer ankommt. Natürlich wissen wir, wie individuell jeweils die Konstruktion von Wissen bei Lernenden ausfällt, aber dies sollte Lehrende nicht von der Verpflichtung entbinden, die allgemeinen Lernprinzipien zu beachten. Damit Lernprozesse in Gang kommen können, ist es erforderlich, Inhalte so aufzubereiten, dass sie für Lernende relevant und interessant werden können.

Es ist wichtig, nicht zu vergessen, dass Vorwissen, Selbstkonzept und Motivation entscheidende Faktoren für den Erfolg oder Misserfolg beim Lernen sind. Intelligenzfaktoren sind nicht alleinige Prädiktoren für Schul- und Berufserfolg.

Lernen muss nicht im Gleichschritt erfolgen

Unter Chancengerechtigkeit lediglich ein gleiches Startangebot an alle zu verstehen, ist ungerecht. Zum einen haben bildungsbenachteiligte Kinder auf diese Weise nie eine Chance, auch nur annähernd zu erreichen, was Kinder aus bildungsbeflissenen Elternhäusern allein aufgrund ihres jeweiligen Vorwissens an Kenntnissen und Fähigkeiten bei gleichem Lehrangebot erwerben können. Sie brauchen mehr, andersartige und vielfältige Erfahrungen, um ihr vorschulisches Defizit zu verringern. Dies wäre zum Beispiel durch individualisierte Unterrichtsformen mit subjektiven Aneignungsphasen, den Erwerb von Lernstrategien auf dem Boden vielfältiger Lernerfahrungen und durch positive Feedbackschleifen sicher eher möglich, als durch eine 7-G-Unterrichtsvorstellung (Brägger 2009): „Alle gleichaltrigen Schüler haben zum gleichen Zeitpunkt beim gleichen Lehrer im gleichen Raum mit den gleichen Mitteln das gleiche Ziel gut zu erreichen."

Die unterschiedlichen Entwicklungen der Schülerinnen und Schüler sind auch durch differierende Lernangebote nicht aufgehoben. Aber die große Gruppe unter unseren Schülerinnen und Schülern, die nur die niedrigste Kompetenzstufe erreichen,

4.1 Welche Konzepte und Praktiken wir in die Mottenkiste packen müssen

könnte deutlich verringert werden. Dies zeigen die PISA-Ergebnisse der skandinavischen Länder, in denen Individualisierung weitgehend praktiziert wird, sehr deutlich. Die Angst mancher Kreise, die vor Gleichmacherei in einer Einheitsschule warnen, ist nur dann zu verstehen, wenn man die vermutlich dahinterstehende Vorstellung von Unterricht betrachtet. Sie hätte nur dann eine Berechtigung, wenn sie auf der Idee eines gemeinsamen Frontalunterrichts nach dem geschilderten 7-G-Prinzip beruht. Natürlich wären dann viele Schülerinnen und Schüler mit hohen Fähigkeiten oft unterfordert und frustriert, schwächere dagegen überfordert und ebenso frustriert. Diese Vorstellungen von „Einheitsunterricht" beruhen vielleicht noch auf eigenen Schulerfahrungen in unserem gegliederten System, das immer noch sehr stark von kollektiven Lernphasen und einem lehrergesteuerten Unterrichtsgespräch geprägt ist.

Fehler sind keine Schande, sondern eine Chance

Ebenso sollten wir den Gedanken „Fehler müssen vermieden werden" in die Mottenkiste packen. Er ist für erfolgreiches Lernen geradezu kontraindiziert. Dies gilt erst recht für barsche Kritik und Beschämung der Person als Ganze nach dem Motto: „Du bist dumm, faul und nachlässig." Bei kritischer Betrachtung haben Fehler und in der Folge falsche Lösungsversuche sowohl im Alltagsleben als auch in der Wissenschaft eine wichtige Funktion. Wir lernen aus ihnen, wie es nicht geht. In der Forschung erweisen sich manche Hypothesen als brauchbar, manche auch als unbrauchbar. Hypothesen beruhen immer nur auf dem jeweiligen Wissensstand eines Forschers und seinem Erwartungshorizont. Die Erfahrung zeigt dann, ob die Ergebnisse ihm Recht geben oder nicht. In diesem Sinne sind unerwartete Ergebnisse wichtige Indikatoren und Ausgangspunkt für die Suche nach neuen Lösungswegen. Aber weder bei einem Kind, das sprechen oder laufen lernt, noch bei einer empirischen Untersuchung würde es uns einfallen, Fehlversuche als Grund zur Beschämung anzusehen. Allerdings bringt erst die Analyse offensichtlich falscher oder unbrauchbarer Lösungswege den Lernprozess erneut in Gang. Der fehlerhafte Ansatz muss in Ruhe durchschaut werden können, um neue Lösungswege zu finden. Ein Gefühl der Abwertung trägt dazu sicher nicht bei.

Anwenden und Üben von Lehrstoff ist nicht verzichtbar

Auch wenn Schülerinnen und Schüler Dinge auf Anhieb verstanden haben, reicht es nicht aus, es dabei zu belassen. Die Vorstellung, dass wir ohne das Durchführen weiterer, leicht abgewandelter Aufgaben etwas so lernen, dass wir es auf andere Aufgabenstellungen ohne Weiteres übertragen können, ist irrig. Wir brauchen zumeist viele Lernerfahrungen auf einem Gebiet, bis wir eine Regel generieren und Transfer leisten können. Auch das vermehrte Analysieren guter Lösungsbeispiele, wie es Wellenreuther für die Mathematik vorschlägt (vgl. Praxis-Tipp S. 71), kann Schülern helfen, wirksame Strategien für die Lösung von Aufgaben zu internalisieren. Dazu braucht jeder in Abhängigkeit von seinem Vorwissen, seiner Motivation und weiterer Faktoren unterschiedlich viel Zeit. Wie aus den Ausführungen in Kapitel 2.2 zu entnehmen war, ist vielfältiges Anwenden und Üben – oft bis zur Automatisierung einer Kompetenz – notwendig, wenn Lernen nachhaltig sein soll. Zudem helfen automatisierte Basiskompetenzen in komplexen Lernprozessen Schülerinnen und Schülern in der zur Verfügung stehenden Zeit, ihr Augenmerk auf die Analyse von Aufgabenstellungen und deren Lösung fokussieren zu können. Ohne ausreichende Lesekompetenz wird zu wenig Textverständnis erreicht, ohne ausreichende Rechtschreibkompetenz wird ein Schüler gute Gedanken nicht so schnell und flüssig aufs Papier bringen können, wie ein anderer, der solche Probleme nicht hat. Ad acta sollten wir also nur monotone Wiederholungen und stures Einpauken von immer gleichen Fakten legen, nicht aber fantasievolles Üben.

Frühe Selektion wird den Begabungen der Schüler nicht gerecht
Weder Intelligenzquotienten noch Noten vermitteln uns ein realistisch detailliertes Bild über vorhandene Begabungen und Fähigkeiten junger Menschen. Eine homogene Gruppenbildung aufgrund der Beurteilung verbaler Fähigkeiten, mathematisch-logischen Denkvermögens und Abstraktionsfähigkeit im Alter von 10 Jahren vornehmen zu können, erscheint als eine Illusion. Das frühe Einteilen in theoretisch und praktisch Begabte widerspricht wissenschaftlichen Erkenntnissen. Es ist seit den 1960er Jahren bekannt, dass zum einen theoretische und praktische Fähigkeiten hoch korrelieren, zum andern praktische Fähigkeiten sich erst nach dem 10. Lebensjahr voll entwickeln und im Laufe der Pubertät herausstellen (Härnquist 1960; Husén 1967; Robinsohn/Thomas 1971). Die frühe Verteilung von Kindern auf angeblich begabungsgerechte Schulformen in der Sekundarstufe kann nicht zufriedenstellend wissenschaftlich begründet werden.

Sie ist auch nicht mit dem Hinweis auf die erhöhte Durchlässigkeit der Schulformen durch die Reformen Ende der 1960er, Anfang der 1970er Jahre zu rechtfertigen. Durch die seitdem bestehenden Möglichkeiten, an einer Schulform auch den Schulabschluss einer höheren Schulform durch entsprechende Leistungen zu erwerben – so zum Beispiel durch den Hauptschulabschluss 10 B den Realschulabschluss oder durch den Realschulabschluss mit Qualifikation die Möglichkeit des Besuchs der gymnasialen Oberstufe zu schaffen – wurde zwar schon einiges verbessert. Ebenso durch die damit einhergehende Angleichung von Stundenanzahl pro Fach und die Wissenschaftsorientierung aller Lehrpläne an allen Schulformen der Sekundarstufe I. Zum einen wird diese Angleichung inzwischen durch G8 wieder zunichte gemacht. Die Gymnasien müssen die Lehrpläne ihrer 5. bis 10. Klassen auf ein 5-jähriges Pensum für die Klassen 5 bis 9 zusammenstreichen. Dies endet in der Praxis häufig in einer überbordenden Stofffülle für diese Jahrgänge, was viele Schüler und Elternproteste hervorgerufen hat. Weniger Proteste waren bisher hinsichtlich der nun bestehenden Ungleichbehandlung der Schülerinnen und Schüler anderer Sekundarschulen zu hören. Gute Real-, Haupt- und Gesamtschüler müssen wie bisher 6 statt 5 Klassen besuchen, bevor sie in die gymnasiale Oberstufe übertreten können. Die Verkürzung der Schulzeit nicht für alle einheitlich anzustreben, ist schon ein deutsches Spezifikum.

Die G8-Reform schafft neue Probleme

Zum andern belegen nüchterne Schulstatistiken, wohin der Trend bei der Durchlässigkeit geht. So erfolgten allein in Nordrhein-Westfalen im Schuljahr 2008/09 nur 614 Übergänge aus allen Schulformen im Verlauf der 5. bis 10. Klasse in das Gymnasium. Erst am Ende von Klasse 10 wechselten 9.266 Schülerinnen und Schüler in den 11. Jahrgang einer gymnasialen Oberstufe. Auf der anderen Seite gab es in den Klassen 5–10 knapp 38.000 Sitzenbleiber und rund 18.000 Absteiger von einer höheren in eine niedere Schulform im Sekundarbereich I. Der Förderschulbereich von knapp 100.000 Schülerinnen und Schülern ist dabei noch nicht eingerechnet (statistische Angaben nach MSW NRW 2009). Diese Zahlen sprechen nicht für die Behauptung, dass es sich in der Sekundarstufe um gleichwertige Schulformen handele, die die Begabungen ihrer jeweiligen Klientel gut fördern.

4.2 Bildungspolitische Reformen

2001: Die KMK legt Handlungsfelder fest

Bildungspolitik ist in Deutschland bekanntermaßen Ländersache. Soll eine Regelung länderübergreifend gelten, kann die Kultusministerkonferenz (KMK) einstimmig Empfehlungen für alle 16 Bundesländer beschließen, die anschließend in geltendes Landesrecht übersetzt werden müssen. Bereits einen Tag nach der Veröffentlichung der alarmierenden Ergebnisse der ersten PISA-Untersuchung für Deutschland reagierte die KMK 2001 mit der Bekanntgabe von sieben Handlungsfeldern, die das deutsche Schulwesen entscheidend verbessern sollten. Das Datum könnte ein Indiz dafür sein, dass großer Druck durch die Öffentlichkeit erwartet und Handlungsfähigkeit demonstriert werden sollte (vgl. Holzapfel/Tillmann 2004). Folgende Handlungsfelder wurden genannt:

1. Maßnahmen zur Verbesserung der Sprachkompetenz im vorschulischen Bereich
2. frühere Einschulungsuntersuchungen und eine bessere Verzahnung von Kindergarten und Grundschule
3. Verbesserung der Grundschulbildung, durchgängige Verbesserung der Lesekompetenz
4. wirksamere Förderung bildungsbenachteiligter Kinder, besonders bei Migrationshintergrund
5. Qualitätssicherung durch verbindliche Standards und ergebnisorientierte Evaluation
6. Stärkung der diagnostischen und methodischen Kompetenzen der Lehrkräfte als Bestandteil systematischer Schulentwicklung
7. Ausbau schulischer und außerschulischer Ganztagsangebote mit dem Ziel erweiterter Bildungs- und Fördermöglichkeiten, insbesondere für Schülerinnen und Schüler mit Bildungsdefiziten und besonderen Begabungen.

Auffällig bleibt, dass die schlechten PISA-Ergebnisse aus den Leistungen von Fünfzehnjährigen resultierten, die empfohlenen Handlungsfelder aber expressis verbis weit weniger die Sekundarstufe I betreffen als die Grund- und Vorschulzeit. 2003 erzielte Deutschland etwas bessere Ergebnisse in der internationalen Grundschuluntersuchung zur Lesekompetenz (IGLU). Dies bewegte die Kultusministerkonferenz 2003 zu einer Verlautbarung (vgl. GEW 2003, S. 59–62) folgenden Inhalts: Die KMK sieht die Implementation der sieben Handlungsfelder aus dem Jahre 2001 weiter als notwendig an. Die zentrale Rolle der Handlungsfelder 1–3 sieht man durch IGLU gestärkt, die pädagogische Konzeption der Grundschule im Umgang mit Heterogenität als beispielhaft für die individuelle Förderung von Schülerinnen und Schülern. Die KMK ist der Meinung, die Grundschularbeit könne daher eine wichtige Anregung für die Arbeit in der Sekundarstufe I darstellen. Ebenso verstärke IGLU die Einsicht in die Notwendigkeit einer wirksamen Förderung von Kindern mit Migrationshintergrund. Der Übergang von der Grundschule in weiterführende Schulen müsse so gestaltet werden, dass sich die soziale Herkunft nicht nachteilig auf die Schullaufbahn auswirke. Die enge Zusammenarbeit mit Eltern, die für die Grundschule typisch sei, sei in der Sekundarstufe fortzusetzen. Hinsichtlich der Professionalität der Lehrertätigkeit sei es wichtig, die Verbesserung diagnostischer und methodischer Kompetenzen mit Veränderungen in der Lehrplan- und Unterrichtsgestaltung zu verbinden. Dies könne auch in den weiterführenden Schulen zu einem ähnlich schülerorientierten Unterricht führen, wie er in der Primarstufe bereits üblich sei.

Handlungsbedarf in Grundschule und Sekundarstufe I

Umsetzung der KMK-Empfehlungen am Beispiel Nordrhein-Westfalen

In den Ländern wurde den Empfehlungen der KMK von 2001 und 2003 in unterschiedlichem Tempo Folge geleistet. Als Beispiel für die Umsetzung der Empfehlungen in den einzelnen Bundesländern soll hier für Nordrhein-Westfalen erläutert werden, welche schulpolitischen Maßnahmen ergriffen wurden.

Gemäß dem Ziel der ersten beiden Handlungsfelder wurden in Nordrhein-Westfalen Sprachstandstests mit 4 Jahren und besondere Maßnahmen zur Sprachförderung beschlossen. Die Schuleingangsuntersuchungen wurden in den Herbst vorverlegt, um bis zum Schulbeginn im Sommer noch gezielte Förderung zu ermöglichen. Zumindest in Großstädten mit hohem Migrationshintergrund wie in Duisburg wurden flächendeckend Sprachtests in Deutsch und Fremdsprachen, zum Beispiel Türkisch, eingeführt, um das jeweilige Sprachverständnis bei Migrantenkindern sowohl in der Muttersprache als auch in Deutsch prüfen zu können.

Zudem erhielten im Rahmen von Handlungsfeld 3 Grundschulen die Wahl, die ersten beiden Jahrgänge zu einer Eingangsstufe zusammenzufassen. Auf diese Weise sollte es für Grundschulen möglich sein, dem individuellen Lerntempo der Schülerinnen und Schüler stärker Rechnung zu tragen. Kinder können dann innerhalb dieser Stufe unterschiedlich nach Fähigkeiten und Lernfortschritten gruppiert und unterrichtet werden, allerdings nicht auf Dauer, sondern nur in bestimmten Zeitrahmen. Durch diese Maßnahmen sollte schwächeren Schülerinnen und Schülern ein größerer Entwicklungszeitraum zugestanden werden. Ein lehrgangsorientiertes, gleichschrittiges Vorgehen im Klassenunterricht sollte dadurch vermieden werden. Die Schulkindergärten, die vordem zurückgestellte Kinder aufnahmen, wurden abgeschafft.

In Bezug auf Handlungsfeld 4 erhielten schwächere Schülerinnen und Schüler, die von der Klassenwiederholung bedroht waren, nunmehr bereits zum Halbjahr „Förderpläne" und nicht erst um die Osterzeit „blaue Briefe", wie bis dato üblich. Im Gespräch von Lehrern, Kind und Eltern sollten gemeinsam dezidierte Anhaltspunkte für eine Verbesserung der Leistungen erarbeitet und in verbindlichen Lernzielvereinbarungen festgeschrieben werden. Klassenwiederholungen sollten auf diese Weise reduziert werden.

Bundes- und landesweit wurde im Zuge von Handlungsfeld 5 eine stärkere Outputorientierug durch die Einführung von Regelstandards angegangen. Standards formulieren verbindliche Anforderungen bezüglich der Fach- und Methodenkompetenz, zudem beschreiben sie Dimensionen und unterschiedliche Kompetenzstufen. Einschränkend muss bemerkt werden, dass in allen Bundesländern Regelstandards und keine Mindeststandards eingeführt wurden, wie es das PISA-Konsortium vorgeschlagen hatte. Bei den geltenden Regelstandards bleibt die Grenze nach unten offen. Es gibt keine Mindestanforderungen, die das absolut verbindliche Minimum schulischen Wissens und Könnens für alle Schülerinnen und Schüler darstellen. Damit entfällt auch eine Verantwortung der Schulen, ihre Schülerschaft mindestens so weit zu bringen.

Regelstandards sind keine Mindeststandards

Weiterhin wurden Kernlehrpläne eingeführt, die verbindlich festlegen, welche Inhalte und Methoden in den einzelnen Schuljahren landeseinheitlich zu behandeln sind. Diese Kernlehrpläne sind für alle Schulformen ab dem Schuljahr 2005/06 verbindlich. Ebenso werden nun landeseinheitliche Lernstandserhebungen in der Grundschule und in den 8. Klassen der Sekundarstufe in den Hauptfächern durchgeführt und die Ergebnisse schulintern, aber auch landesweit evaluiert. Die Ergebnisse sind dem Lehrerkollegium und den Eltern vorzustellen und sollen als Diskussionsgrundlage für Veränderungen dienen. Zentrale Abschlussprüfungen in Klasse 10 und im Abitur zielen in die gleiche Richtung: Klare Zielvorgaben, zentrale Aufgaben und ein Mindestmaß an festgelegten Unterrichtsinhalten für alle erleichtern Überprüfungen und Evaluation. Auch die inzwischen eingeführte Schulinspektion (Qualitätsanalyse) dient dem Ziel, Schulen ihre Stärken und Schwächen widerzuspiegeln. Kritisch bleibt hier anzumerken, dass der Bewertungscharakter einer Qualitätsanalyse den Optimierungscharakter übertrifft. Das Gremium von Qualitätsprüfern, das der Schule einen Spiegel vorhält, ist nicht gleichzeitig ein Beratungsgremium. So erhält eine inspizierte Schule von dieser Stelle zwar Anhaltspunkte für ihre Schwächen und Stärken, aber keine Beratung darin, wie suboptimale Bereiche zu verbessern sind. Zielvereinbarungen müssen dann von der Schule selbst gemeinsam mit der zuständigen Schulaufsicht getroffen werden. Diagnose, Beratung und Lernprozessbegleitung liegen also nicht in einer Hand.

Qualitätsprüfung: Diagnostik allein reicht nicht

Handlungsfeld 6 wurde in Nordrhein-Westfalen eher verhalten angegangen. Landesweit wurden die bisherigen Fortbildungsmaßnahmen der Bezirksregierungen abgeschafft und stattdessen Kompetenzteams eingerichtet, die zu vorher festgelegten Themen (zum Beispiel individuelle Förderung) schulinterne Fortbildungen anbieten. Die zeitlichen Möglichkeiten zur Fortbildung der Lehrerinnen und Lehrer wurden aber 2006 gleichzeitig stark beschnitten. Als Begründung wurde der zu vermeidende Unterrichtsausfall ins Feld geführt. Dies galt auch für die notwendigen schulinternen Lehrerfortbildungen.

Auch bei Handlungsfeld 7 gibt es Verbesserungsbedarf. Zwar wurde mit dem verstärkten Ausbau von schulischen Ganztagsangeboten begonnen. Allerdings galt dies in Nordrhein-Westfalen seit dem Regierungswechsel nur noch für Grund-, Haupt- und Realschulen und Gymnasien, nicht mehr für neu gegründete Gesamtschulen. Gleichzeitig wurden Gesamtschulneugründungen erschwert. Anders als in bestehenden Gesamtschulen, in denen die Konzeption des Ganztags auf einer schülerfreundlichen Rhythmisierung von Lernangeboten beruhte, an der das ganze Kollegium und auch die Eltern mitgewirkt hatten, kam es bisher häufig zu weniger zufriedenstellenden Lösungen. Behelfsangebote für Essmöglichkeiten anstelle von schuleigenen Mensen und Cafeterien, Hausaufgabenbetreuung und Spielangebote durch außerschulische Träger. In vielen Fällen kann von einer Ganztags*schule* keine Rede sein. Unterricht durch Lehrpersonen findet im offenen Ganztag wie bisher am Vormittag statt, das Nachmittagsangebot teilen sich diverse Träger. Nur im sogenannten gebundenen Ganztag sind Schulen verpflichtet, an mindestens drei Nachmittagen Pflichtunterricht anzubieten.

Ganztagsbetreuung ist noch keine Ganztagsschule

Zudem umfasst die Zahl aller bestehenden Ganztagsschulen und Ganztagseinrichtungen trotz aller Anstrengungen Ende 2009 nicht mehr als 25 % aller Schulen. Das ist seit 2005, als 13 % aller Kinder von 8 bis 11 Jahren eine Ganztagsschule und 11 % eine Einrichtung mit Nachmittagsbetreuung besuchten, keine nennenswerte Steigerung. Die neuen Bundesländer liegen dabei vorn, dort erfuhr jedes 2. Kind eine Nachmittagsbetreuung, in den alten Bundesländern im Durchschnitt nur jedes 5. Kind. Hamburg war dort führend, Bayern bildete mit 3,2 % das Schlusslicht (World Vision 2007, S. 117–122).

Fazit: Was hat sich bis heute getan?

Lässt man alle Handlungsfelder und die entsprechenden Implementationsbemühungen Revue passieren, so wird deutlich, dass eher der Grundschulbereich und punktuell die Vorschulzeit einen Innovationsschub erfahren haben. Besonders die Überprüfung der sprachlichen Fähigkeiten und die Anstrengungen, die Lesekompetenz zu steigern, fallen ins Auge. Man könnte sagen, die Richtung stimmt, auch wenn noch keine großen Erfolge zu verzeichnen sind. Der mögliche neue Umgang mit der Heterogenität der Schülerschaft in der Eingangsstufe gilt aber noch nicht für alle Grundschulen, da es der Entscheidung der Schulen selbst überlassen ist, ob sie die beiden ersten Jahrgänge zusammen unterrichten wollen oder nicht.

Für die Sekundarstufe scheint es, bis auf die Einführung von fachlichen Standards, Kerncurricula und Kompetenzstufen, eher etwas schleppend im Regelschulsystem voranzugehen. Die Umstellung von Inputorientierung auf Outputorientierung ist zwar nominell erfolgt. Wenn aber Outputorientierung ein System wirksam optimieren soll, verlangt dies eine „klare kausale Zuschreibung von Output-Erfolg oder -Misserfolg. Wirksames Effizienzfeedback ist spezifisch" im Sinne von Leschinsky/Cortina (2003, S. 47). Durch die eingeführten Schulinspektionen ist es, wie oben erwähnt, möglich geworden, Schulen auch Rückmeldung über gute Qualitäten im schulischen Arbeitsbereich zu geben. Hinsichtlich festgestellter Defizite und notwendiger Veränderungen sollten Lehrerinnen und Lehrer aber auch Gelegenheit bekommen, entsprechendes neues Wissen und Können zu erwerben. Wenn dann entsprechende Fortbildungsmöglichkeiten zur diagnostischen und methodischen Kompetenzerweiterung nicht angeboten oder ausreichend genutzt werden können, ist das eher als kontraproduktiv zu bezeichnen. Leschinsky und Cortina (2003, S. 45) bemerken zu dem Phänomen, Reformen lediglich zu verkünden, aber für ihre Implementation nicht die notwendigen Ressourcen und Überprüfungsmöglichkeiten bereitzustellen, Folgendes: „Es gehört [...] zu den Eigentümlichkeiten des deutschen Bildungswesens in der Nachkriegszeit, dass der Erfolg dieser Reformen nicht an ihrer – wie auch immer definierten – Effektivität gemessen wurde, sondern allein an ihrer geglückten politischen Durchsetzung."

> Reformen nicht nur auf dem Papier durchführen

Auch die KMK konstatiert in ihrem Bildungsbericht 2008, dass die Risikolage von Kindern zunimmt und zu einer deutlichen Verschlechterung der Bildungschancen führt. Sie schließt daraus:

> *„Nicht nur angesichts der demografischen Veränderungen ist es eine gesellschaftliche Aufgabe, die Talente aller Schülerinnen und Schüler soweit wie möglich zu fördern, um ihnen den Zugang zum Beruf und die Teilhabe am demokratischen gesellschaftlichen Leben zu ermöglichen."*
>
> (DVLFB 2009, S. 5)

Weiterhin wird die Ausbildung und Professionalisierung des schulischen Personals als verbesserungsbedürftig angesehen. Das betrifft „die Förderung der didaktischen und diagnostischen Kompetenz der Lehrkräfte, die Fähigkeit zur sozialen Interaktion und zum Umgang mit Heterogenität" (DVLB 2009, S. 6). Abzuwarten bleibt aber nach den bisherigen Erfahrungen, welche Ressourcen an Zeit und Personal tatsächlich dafür bereitgestellt werden.

4.3 Best Practice: Schulen auf dem Weg zu mehr Lernfreundlichkeit

Seit 2006 wird durch die Robert Bosch Stiftung und die Heidehof Stiftung der „Deutsche Schulpreis" verliehen. Aus Hunderten von Schulen, die sich seither jedes Jahr beworben haben, werden knapp zwanzig in die engere Wahl genommen, rund fünf davon werden prämiert. Die Intention der Stiftungen war es, einer breiten Öffentlichkeit bewusst zu machen, wie viele gute Beispiele von Schule und Unterricht es bereits in Deutschland gibt. Die Partnerschaft mit der Zeitschrift *Stern* und dem ZDF unterstützt die mediale Verbreitung. Es geht dabei um Schulen, die dem Motto „Dem Lernen Flügel verleihen" folgen. Wichtig war und ist der Jury, dass sich Qualitätskriterien wie Leistung, erfolgreicher Umgang mit Vielfalt und Verantwortungsübernahme sowohl in der Unterrichtsqualität als auch im Schulleben und in der Gesamtentwicklung der Schule zeigen.

Die bisher in die engere Wahl genommenen Schulen (vgl. Fauser/Prenzel/Schratz 2007, 2008, 2009) waren zwar in der Erfüllung der vorgegebenen Kriterien und fachlicher Standards vergleichbar, hatten jeweils aber eine unverwechselbare Identität aufgrund unterschiedlicher Entwicklungswege und verschiedener Profile. Jede einzelne Schule präsentierte sich als eine ganz individuell geprägte Gestaltungseinheit mit einem je eigenen Credo. Unabhängig davon, ob die Suche nach einer neuen Schulvision durch eine „Weg-von"- oder „Hin-zu"-Bewegung entstanden war, ob Einzelne, ein engagierter Kollegenkreis oder die Schulleitung den Anstoß zu einer Veränderung gegeben hatten, in allen Schulen wurde das neue Bild von einem „Haus des Lernens" das gemeinsame Ziel. Die ausgezeichneten Schulen haben viel mit unserer BASIS-Philosophie einer lernfreundlichen Schule gemeinsam.

Best-Practice-Schulen streben ein verständnisintensives Lernen an, die Entwicklung einer „kooperativen Individualität" für Lehrer und Schüler. Sie wenden sich ab von einem Unterricht, der nur belehrt und abfragbares, reproduziertes Wissen verlangt und fördern kompetenzorientiertes Lernen. Diese Schulen legen Wert darauf, dass ihre Schülerinnen und Schüler sich in ihrem Können und in ihren Stärken erleben, zunehmend selbstbestimmt und selbstständig lernen und bereits früh die Verantwortung für ihre Lernprozesse übernehmen. Sie trennen, für ihre Schülerinnen und Schüler deutlich spürbar, Lern- von Leistungssituationen. Auf diese Weise entsteht viel Lernzeit ohne unmittelbaren Leistungsdruck. Wochenpläne, Portfolios, Methodencurricula, Lernbüros sind einige der Instrumente, die für individualisiertes Lernen eingesetzt werden. Expertensysteme, Buddys und andere Formen des peer learning sorgen für gegenseitige Unterstützung beim Lernen. Öffentliche Präsentationen der Ergebnisse und viele Feedbackformen ohne Ziffernnoten tragen zur Anerkennung und Wertschätzung der geleisteten Arbeit bei.

Was machen Best-Practice-Schulen anders?

Während des Lernprozesses werden Fehler und nicht gelungene Lösungsversuche als normal angesehen und als Hinweise auf eine notwendige Überprüfung der bisherigen Ansätze. Erst in einer Leistungssituation, zum Beispiel bei einem Abschlusstest oder einer Präsentation, wird erwartet, das Gelernte so fehlerfrei wie möglich zu zeigen. Man könnte diese Trennung von Lern- und Leistungssituation mit Anforderungen an Artisten vergleichen. Dass während des Einstudierens einer neuen Nummer immer wieder Fehler gemacht werden, ist ebenso normal wie dass bei der eigentlichen Vorstellung alles möglichst reibungslos abläuft. Werden Patzer gemacht, so ist unmittelbar danach eine möglichst fehlerfreie Wiederholung angesagt.

4.3 Best Practice: Schulen auf dem Weg zu mehr Lernfreundlichkeit

Einige der Best-Practice-Schulen verzichten bis zur 7. oder 8. Klasse bewusst auf Ziffernnoten und schreiben stattdessen Lernberichte. Sie wollen keine vergleichende Bewertung und frühzeitige Etikettierung, die ein „Schubladendenken" fördern könnten. „Du gehörst in diese Schublade (sprich: Schulform, Leistungskurs), ich in jene" – wie sie bei unserem früh selektierenden System üblich ist.

Lehrerinnen und Lehrer solcher Schulen haben bei aller Individualität doch auch viele Gemeinsamkeiten. Neben einer Leidenschaft für ihre Fächer entwickeln sie die Fähigkeit, Lernen aus der Perspektive der Kinder betrachten zu können. Sie sind in der Lage, deren jeweiligen Lern- und Entwicklungsstand zu diagnostizieren und die nächsten Entwicklungsschritte bestimmen zu können. Vertrauen zur Leistungsfähigkeit ihrer Schülerinnen und Schüler und ein relativ hohes Anspruchsniveau sind kennzeichnend. Immer wird in diesen Schulen der Einzelne auch in die Gemeinschaft eingebunden, sei es durch kooperative Lernformen, Projekte, Aufgaben und Dienste im Klassen- und Schulleben. Die Prinzipien dessen, was Lernen bei Kindern und Jugendlichen antreibt und in Bewegung hält, erfahren an solchen Schulen auch Lehrende. Sie bilden professionelle Lehrgemeinschaften: Jahrgangs- oder auch fächerübergreifende Teams. Auf diese Weise entsteht für den Einzelnen in der Gruppe Erfahrung von Kompetenz („Was ich tue, funktioniert wirklich"), von Autonomie („Wenn ich selbst will, kann ich etwas bewirken") und von Eingebundenheit („Dass wir uns gemeinsam auf den Weg machen, uns verstehen und verstanden werden, ist das Band, das uns bei aller Individualität in Lernprozessen zusammenhält"). Für Schüler und Lehrer ist somit „kooperative Individualität" erfahrbar (vgl. Fauser/Prenzel/Schratz 2009, S. 21). Diese Grundhaltungen sind sowohl Ergebnis einer langen Entwicklung als auch der Motor für die Gestaltung der Schule als Einheit mit Vielfalt. Um so etwas zu erreichen, war in den Schulen, die alle Schulformen Deutschlands (Förder-, Grund-, Haupt-, Real-, Berufs-, Gesamtschulen und Gymnasien) repräsentieren, auf Seiten der Lehrerschaft eine besondere „bürgerschaftliche Selbstermächtigung" vonnöten. Um ihre Idee einer lernfreundlichen Schule umzusetzen, mussten sich Kollegien und Schulleitung oft über die gängige Praxis der vorgegebenen bürokratischen und organisatorischen Hürden hinwegsetzen. Manchmal erleichterte ein Modellstatus dieses Vorhaben, manchmal auch nur die Findigkeit und Hartnäckigkeit der Beteiligten (besonders der Schulleitung), sich nicht durch bürokratische Vorschriften vom Weg abbringen zu lassen. Fast immer erforderte das Vorgehen zusätzliches Engagement und eine Verlängerung der vorgeschriebenen Arbeitszeit. Auch wenn die Kollegien übereinstimmend meinen: „Das war es wert", so stimmt das Ganze doch nachdenklich. Warum sind für die Grundsätze des Gymnasiums Marbach, Preisträgerschule in 2007 – „Alle kommen an! Wir machen das Beste draus! Die Antwort auf Vielfalt ist Vielfalt!" – so viel Engagement und zusätzliche Arbeitszeit nötig? Was fehlt in unserem Schulsystem, um einem solch einfachen und akzeptablen Motto mit „normalem" beruflichen Einsatz zum Sieg zu verhelfen?

Mit einiger Sicherheit kann man sagen, dass eine lernfreundliche Schule sowohl in pädagogischer als auch in organisatorischer Hinsicht eine Veränderung der gängigen

Was zeichnet gute Lehrerteams aus?

Praxis auf unterschiedlichen Ebenen erfordern würde. Dies gilt für die Ebene der Lehrenden und Lernenden, der Elternschaft und Lernumgebung, aber auch für die Ebene der Schule als Organisationseinheit und nicht zuletzt auch für die bildungspolitische Ebene. Best-Practice-Schulen zeigen, in welche Richtung es gehen müsste, um möglichst alle Kinder einer Schule zu einem erfolgreichen Abschluss ihrer Schullaufbahn zu führen. Diese Schulen haben oft gegen viele Widerstände ein Schulethos im Sinne unserer BASIS-Philosophie entwickelt. Die Ebene der bestehenden Schulorganisation erwies sich aber oft als besonders hemmend. Nicht umsonst betonen Kollegien und Schulleitungen von Best-Practice-Schulen, welcher Findigkeit im bestehenden schulischen Regelwerk von Gesetzen, Verordnungen und Erlassen es bedürfe, um ein gemeinsam getragenes Schulethos zu entwickeln, zu implementieren und durchzuhalten. Professionalisierung ist nicht nur durch mangelndes Engagement oder fehlende Möglichkeiten in der Lehrerfortbildung begrenzt, sondern auch durch das bestehende Schulsystem.

4.4 Pädagogik und ihre Organisation

Wie oft hört man von Lehrerinnen und Lehrern, die zunächst begeistert und beseelt mit neuen Ideen von einer Schulhospitation oder Fortbildung zurückkamen, nach einiger Zeit den resignativen Seufzer: „Bei uns geht das einfach nicht! Bei uns bekommen wir keine Doppelstunden, doppelte Klassenlehrerbesetzung, keine Möglichkeit für Epochalunterricht, Frei- und Projektarbeit. Wenn wir im Team zusammenarbeiten wollen, dann müssen wir uns in unserer Freizeit treffen, im Stundenplan ist dafür kein Platz!" Unhinterfragt hat an vielen dieser Schulen die Organisation „das Sagen". Das Primat hat hier nicht die Pädagogik, sondern die Organisation: Im 45-Minuten-Takt wechseln Fachlehrer Klassen und Kurse. Ein Klassenlehrer muss die unumgänglichen Klassengeschäfte fast nebenher betreiben, Beratungs- und Unterstützungssysteme wie Beratungslehrer und Sozialarbeiter gibt es nicht. Kollegiale Zusammentreffen sind lediglich für wenige Fach- und Zeugniskonferenzen eingeplant, gemeinsame pädagogische Konferenzen haben zumeist nur einen Disziplinarfall zu behandeln. Viele Absprachen müssen zwischen Tür und Angel, in den Pausen oder in der unterrichtsfreien Zeit stattfinden. Alles andere ist Privatsache und wird organisatorisch nicht unterstützt.

Vier Stufen der Schulentwicklung: Pädagogik verändert sich

Auf diese Begrenzungen im Regelsystem des Sekundarbereichs hinzuweisen, gelang einer OECD-Studie im Jahre 1988. Die Niederländer de Caluwé, Marx und Petri (1988) untersuchten damals im Auftrag der OECD große Sekundarschulsysteme in Holland, England und auch Deutschland. Die zentrale Forschungsfrage war, welche Organisationsstrukturen optimal die Umsetzung bestimmter pädagogischer Modelle unterstützen können.

Als charakteristische Komponenten der Pädagogik einer Schule stellten sich heraus: die Art und Weise, wie Lehren und Lernen stattfindet, der Stellenwert von Beratung, Standards für Leistungsbewertung und Evaluation. Kriterien für das organisatorische

4.4 Pädagogik und ihre Organisation

System waren: Prinzipien für den Lehrereinsatz und die Unterrichtsverteilung, für die Zusammensetzung von Kursen, Klassen und Abteilungen, für Konferenzen und weitere Kommunikationsstrukturen, für Koordinations- und Leitungsstrukturen. Das Ausmaß der pädagogischen Freiheit der Lehrerinnen und Lehrer und die Schulkultur werden durch den Organisationsrahmen ebenfalls maßgeblich mitbestimmt.

In der deutschen Fassung (Petri/Posse/Rüdell 2007) wird zwischen vier idealtypischen pädagogischen und organisatorischen Entwicklungsständen von Sekundarschulen unterschieden, die jeweils modellhaft beschrieben werden. Den Anfang macht auf pädagogischer Seite das *Streaming-Modell*, hinter dem ein rein kognitives Lernkonzept steht. Charakteristisch ist die zugrunde liegende Annahme, dass jeder Schüler eine bestimmte kognitive Lernfähigkeit mitbringt, deren Kapazität am Ende der Grundschulzeit deutlich erkennbar ist und die als sicheres Indiz für die weitere, intellektuell passende Schullaufbahn angesehen wird. Höchstqualifizierte Lehrerinnen und Lehrer werden in diesem Modell den höchsten Bildungsgängen zugeordnet. Dies entspricht weitgehend den traditionellen Auffassungen, die hinter der Beibehaltung unseres dreigliedrigen Schulsystems standen und zum Teil jetzt noch stehen.

Vier Modelle der Schulentwicklung

Das *Setting-Modell* entwickelte sich in den 1960er und 1970er Jahren. Intellektuelle Fähigkeiten wurden stärker als zuvor als entwicklungsfähig angesehen, unterschiedliche kognitive Kapazitäten von Schülerinnen und Schülern in unterschiedlichen Bereichen festgestellt. Die neu gegründeten Gesamtschulen, die etwa in Nordrhein-Westfalen nach dem Setting-Modell arbeiteten, richteten daher für die Hauptfächer Deutsch, Englisch und Mathematik ab der 7. Klasse Lernniveaugruppen ein. Einerseits sollte dieses Vorgehen den unterschiedlichen mathematischen oder sprachlichen Fähigkeiten der Schülerschaft entgegenkommen, andererseits sollten leistungshomogene Gruppen in den Hauptfächern die schulische Arbeit erleichtern.

Im dritten Modell, dem *Heterogenitätsmodell*, wird Binnendifferenzierung in der heterogenen Klasse praktiziert: Zunächst erfolgt gemeinsamer Unterricht in einer fachlichen Einheit (unit), anschließend wird für einige Schülerinnen und Schüler erweiterter Lehrstoff angeboten, für andere werden Lücken im Basiswissen geschlossen. Werte, wie gegenseitiges Verstehen und Kooperation spielen eine große Rolle. Dieses Modell erfordert von den Lehrenden ein großes Methodenrepertoire, intensive Kenntnisse über kognitive Schülerkapazitäten auf bestimmten Entwicklungsstufen und diagnostische Kompetenz, um den jeweiligen Leistungsstand und -fortschritt zu erkennen, sowie die Fähigkeit, erfolgreich Gruppenarbeit zu initiieren. Diagnostische Tests zum jeweils erreichten Leistungsstand und Gruppenarbeit spielen eine große Rolle in diesem Modell, und das Einüben sozialer Fähigkeiten und Fertigkeiten ist unerlässlich.

Bildungspolitisches Ziel der letzten beiden Modelle war es, die Schullaufbahn von Kindern und Jugendlichen möglichst lange offenzuhalten und damit eine wesentliche Beschränkung des dreigliedrigen Regelsystems zu überwinden.

Das vierte *Innovative Modell* legt größten Wert auf die positive ganzheitliche Entwicklung von Kindern und Jugendlichen. Sowohl den kognitiven wie auch den affektiven, normativen und kreativen Fähigkeiten der Schülerinnen und Schüler wird große Aufmerksamkeit geschenkt. Es wird fachlich, aber auch fächerübergreifend und projektorientiert unterrichtet, und den Kindern werden viele Lernwege eröffnet. Schülerberatung spielt eine große Rolle. Lehrerinnen und Lehrer können die Inhalte der Curricula weitgehend an die Bedürfnisse der Kinder oder Jugendlichen anpassen. Schülerinnen und Schüler werden als handelnde Subjekte des eigenen Lernens verstanden. Dies bedeutet eine starke Reduzierung der dominierenden Lehrerrolle für den Unterricht. Die Schülerinnen und Schüler werden jetzt als Individuen betrachtet, die ihren eigenen Lernweg mitbestimmen. Sie sollen voneinander und miteinander lernen und erreichen auf diese Weise auch soziale Ziele. Intensive Kleingruppenarbeit ist ein „Muss" für Schülerinnen und Schüler im Unterricht, die Zusammenarbeit im Jahrgangsteam ist eine Selbstverständlichkeit für die Lehrer. Dieses Modell entspricht weitgehend vielen Best-Practice-Schulen und deckt sich mit den Grundlagen der BASIS-Philosophie.

Das Innovative Modell: ganzheitlich gedacht

Organisationsstrukturen müssen Pädagogik unterstützen

Dem Primat der Pädagogik sollten sich die Organisationsstrukturen einer Schule unterordnen. Eine Schule des Streaming-Modells, die nach einem rein kognitiven Lernkonzept und durchgängigen Fachlehrerprinzip arbeitet, braucht nicht sehr viele Koordinationsmechanismen. Sie gleicht einem „loosely coupled system", in dem jeder Fachlehrer ein hohes Maß an Autonomie und pädagogischer Freiheit besitzt. Pädagogische Prozesse werden kaum koordiniert, alle Lehrer haben gleiche Rechte in Bezug auf schulische Entscheidungen, und nur Lehrpläne und Prüfungsbestimmungen sind gemeinsam verbindliche Rahmenbedingungen für alle. Das passende Organisationsmodell hat aber nur eine minimale Kapazität für geplanten Wandel. Unterrichtliche Veränderungen beschränken sich zumeist auf die Initiative einzelner Lehrer in ihren eigenen Klassen oder Kursen. Gemeinsame Entscheidungen für schulweite Innovationen können nur schwierig getroffen werden – wenn überhaupt.

Das Setting-Modell bietet viele, zumeist äußere Differenzierungsmaßnahmen in Lernniveaukursen. Die Koordinationsprobleme werden hierarchisch gelöst: Aufgabenfelder und Rollen sind in einer solchen Schule klar definiert, die Schulleitung spielt eine maßgebliche Rolle. Innovationen sind fast nur auf dem Top-down-Weg möglich. Viele Konferenzen sind für entsprechende Absprachen an der Tagesordnung, sie unterstützen aber nicht immer das Tagesgeschäft der Lehrerinnen und Lehrer, die in einer Klasse unterrichten.

Im Heterogenitätsmodell wird jede Meinung gleichberechtigt berücksichtigt. Hier sind zwar im passenden Organisationsmodell Bottom-up-Prozesse möglich, aber es kann lange dauern, bis eine Übereinkunft erzielt wird.

Zum Lehr- und Lernkonzept des Innovativen Modells mit seinem erweiterten Lernbegriff passt eine weitgehend schülerorientierte Organisation am besten. In Jahrgangsteams begleiten Lehrerinnen und Lehrer möglichst konstant „ihre" Schülerinnen und

Schüler über viele Jahre oder auch über die gesamte Schulzeit, organisieren Unterrichtsverteilung und Vertretungsunterricht und entwickeln ein auf ihre Schülergruppe abgestimmtes Curriculum. Die Konstanz in den Beziehungen bietet viel Raum für schülerorientiertes und individualisierendes Arbeiten. Sowohl kognitive als auch persönlichkeitsentwickelnde und soziale Lernziele können so besser verfolgt werden. Die Schulleitung unterstützt jedes Team, koordiniert aber auch die Arbeit der Teams horizontal auf Jahrgangsebene und vertikal über die Jahrgänge hinweg und trifft, wenn notwendig, letzte Entscheidungen in der Teamzusammenstellung. Basis der Teamarbeit ist eine gemeinsam mit der Schulleitung entwickelte Schulkultur. Beratungsteams sind den Abteilungen zugeordnet und bemühen sich um größtmögliche Kopplung von Beratung und Unterricht. Die Schulleitung unterstützt die Koordination und Integration von unterrichtlichen und beratenden Funktionen und hält das System in der Balance. Dieses Modell besitzt eine hohe Kapazität, sich zu verändern oder innovativ zu sein, das heißt, sich flexibel auf neue Ideen organisatorisch einzustellen.

Teamkultur

Folgerungen für unser Schulsystem

Jedes pädagogische Modell erfährt nur durch ein passendes Organisationsmodell die beste Möglichkeit der Entfaltung. So benötigt Freie Arbeit in der Regel mindestens Doppelstunden, für Projekte müssen viele Stunden, Tage oder Wochen reserviert werden. Teamarbeit erfordert eine entsprechende Organisation der Unterrichtsverteilung, des Stundenplans und der Konferenzplanung. Pädagogik und Organisation müssen zueinander passen. Gemäß dieser Theorie der goodness-of-fit connection (de Caluwé/Marx/Petri 1988, S. 131) steht jedes der oben beschriebenen Organisationsmodelle für hohe Effizienz und Wirksamkeit in der Umsetzung der jeweiligen pädagogischen Kernidee. Unsere BASIS-Elemente sind pädagogisch eindeutig dem vierten Modell zuzuordnen. Sie treffen aber ebenso eindeutig in der schulischen Realität auf Organisationsmodelle, die lediglich pädagogische Streaming- oder Setting-Modelle optimal unterstützen würden. Ihnen fehlt das erforderliche Maß an Flexibilität und Kooperations- und Koordinationsmöglichkeiten.

Alle Preisträger unter den Best-Practice-Schulen bemühten sich, ihre Organisationsstrukturen den pädagogischen Erfordernissen anzupassen, sie gaben der Pädagogik und nicht den bestehenden organisatorischen Rahmenbedingungen des Regelschulsystems den Vorrang. Eine fundamentale Schwierigkeit für die Implementation von BASIS-Elementen im Regelschulsystem Deutschlands wird damit deutlich: Die in den Sekundarschulen vorhandenen Koordinationsmechanismen und Kommunikationsstrukturen für die Integration von Unterrichten und Lernprozessbegleitung sind je nach Schulform und Entwicklungsstand der Schule kaum oder nicht hinreichend für die gewünschte Pädagogik geeignet. Die Kapazität der bestehenden Organisationsstrukturen erlaubt schulweit weder mühelos eine ausreichende Individualisierung noch eine entsprechende Lernprozessbegleitung und die erforderliche Lehrerkooperation.

Priorität der Pädagogik

So beklagte Demmer noch 2003:

„Ein Schulsystem, das in angeblich leistungshomogene Lerngruppen sortiert, braucht kein ausgebautes Unterstützungssystem zur individuellen Lernförderung. [...] Unser Schulsystem muss viele Selektionsinstrumente zur Verfügung stellen, um ‚richtig' zu sortieren: die Klassenwiederholung, die Sonderschulüberweisung, die Abstufung in eine ‚niedere' Schulform. [...] Versetzungsordnungen füllen Seiten um Seiten der Schulgesetze, Förderordnungen sucht man vergeblich. [...] Es ist dringend erforderlich, die Effekte der frühen Selektion und institutionellen Leistungshomogenisierung auf die Lehrertätigkeit, auf das Schulklima, die Schulphilosophie, auf Eltern- und Schülerbewusstsein sowie auf das öffentliche Denken über Schulen und Lehrertätigkeit zur Kenntnis zu nehmen, ggf. empirisch zu untersuchen und Schlussfolgerungen für die Weiterentwicklung zu ziehen." (GEW 2003, S. 37 f.)

Nun ist hier schon einiges seitdem in Bewegung gekommen, wie in den Kapiteln 4.2 und 4.3 gezeigt werden konnte. Erste Ergebnisse der Qualitätsanalysen in Nordrhein-Westfalen zeigen tendenziell die immer noch bestehenden Schwachstellen auf, die sich mit den oben geschilderten Schwachstellen der bestehenden Organisationsstrukturen decken.

„Bezogen auf die drei Prozessdimensionen zum Unterricht – ‚Fachliche und didaktische Gestaltung', ‚Unterstützung eines aktiven Lernprozesses' und ‚Lernumgebung und Lernatmosphäre' zeigen sich ähnliche Tendenzen wie bereits in der Pilotphase festgestellt: Besondere Defizite wurden deutlich bei den Kriterien der inneren Differenzierung, individuellen Lernformen mit differenzierendem Anforderungsniveau und selbständigem Lernen." (Homeier/Brügmann 2009, S. 52)

Nachhaltiger Wandel braucht Zeit, Kompetenz und Kooperation

Weiter konstatieren die Autoren Probleme an den Schulen, in allen Fächern Grundsätze der Leistungsbeurteilung festzulegen und für alle Beteiligten, auch Schülerinnen und Schüler, nachvollziehbar zu dokumentieren sowie erfolgreich eine schulinterne Evaluation durchzuführen. Dies weist deutlich auf ein noch mangelndes Bewusstsein für ein „schulweites" Denken und dessen organisatorische Verankerung hin. Es bleibt zu hoffen, dass die guten Bewertungen für „Führungsverantwortung der Schulleitungen" und „Soziales Klima" ein Indiz dafür sind, dass Schulen sich auf den Weg machen wollen (vgl. Homeier/Brügmann 2009). Schulentwicklungsprozesse kosten mehr Zeit, als viele Bildungspolitiker ihnen einräumen möchten. Sie sind in der Regel mit mindestens drei Jahren anzusetzen, oft dauert es fünf und mehr Jahre, bis Schulen sich in wesentlichen Punkten von einem pädagogischen Modell auf ein anderes zubewegt haben. Einige Erfahrungen hierzu sind bei Dörger (1992) und Petri/Posse/Rüdell (2007) dokumentiert.

Nachhaltiger Wandel wird sich sicher nur durch die Zusammenarbeit aller Akteure erzielen lassen, durch gegenseitige Wertschätzung, den Abbau organisatorischer Hemmschuhe, durch Zeit, Raum und Ressourcenbereitstellung für aktives Lernen und individuelle Lernprozessbegleitung, auch für Kollegien. Die Bausteine der BASIS-Philosophie scheinen nicht nur für Schülerinnen und Schüler, sondern auch für Lehrerinnen und Lehrer und Schulen, die sich als lernende Organisationen verstehen, gut geeignet zu sein. Vielleicht wird es dann auch möglich, dem skandinavischen Vorbild zu folgen und Kinder ohne Selektionsdruck länger als bisher gemeinsam zu beschulen. Dass dies durchaus ohne Notendruck bis zur Klasse 8 beziehungsweise 9 bei guten und sehr guten Leistungsergebnissen möglich ist, zeigt die knapp 50-jährige Praxis in Schweden. Aber auch die Preisträger unter den deutschen Schulen brauchen den Vergleich nicht zu scheuen.

5 Mut für einen Anfang!

Wenn Sie das Buch bis hierher gelesen haben, nehme ich an, dass die Elemente der BASIS-Philosophie des Lernens und ihrer neurowissenschaftlichen Grundlagen auf Ihr Interesse gestoßen sind. In Kapitel 4 konnte deutlich werden, wie viele Strömungen mittlerweile in diese Richtung gehen, aber auch wie viel Gegenwind noch herrscht. Nun kann man auch bei Gegenwind viel entwickeln, manchmal braucht man ihn sogar. „Wenn der Wind der Veränderung weht, bauen die einen Windräder und die anderen Mauern" – so heißt es in einem chinesischen Sprichwort. Widerstand als Mauerbau zu sehen, ist nicht nur negativ zu verstehen. Schließlich zeigt er an, was es zu bewahren gilt. Wenn es nicht nur um die Verteidigung alter Pfründe und Bequemlichkeiten geht, ist er wichtig und sogar produktiv. Widerstand artikuliert dann ein tiefes Bedürfnis nach Stabilität und Sicherheit. Zugegeben: Das ist in Zeiten eines Neuaufbruchs wenig gegeben, denn das Betreten von Neuland hat schon den Charakter einer Expedition. Man sollte vorher prüfen, ob die Ausrüstung stimmt, über Klima, Land und Leute genug Erkundigungen einziehen. Die persönliche Verfassung muss gut genug sein für eine Reise, die man allein oder in einer Gruppe antreten kann. Sicher schaut man sich dann seine Reisegefährten genauer an. Unterschiedliche Fähigkeiten sind da durchaus von Nutzen, was der eine nicht kann, kann dann vielleicht der andere. Dies gilt sowohl für eine Expedition aus eigenem Antrieb als auch für eine, die man „im Auftrag" durchführt. Das Wollen ist im ersten Fall auf eigene Wünsche zurückzuführen, im zweiten sollte es sich schon weitgehend mit dem vorgegebenen Expeditionsziel decken. Zu jedem Wollen gehört für eine Expedition unbedingt ein „Können" dazu. Die eigenen Grundfähigkeiten und die des Teams sollten vorhanden sein, mehr Wissen entwickelt sich oft erst durch learning by doing und auch durch die Synergie eines guten Teams. Mut gehört dazu und die Vision eines lohnenden Ziels. Das gilt für den Anfang und auch für das Überwinden von Durststrecken und kräftezehrende Endetappen.

„Ist das nicht alles viel zu anstrengend? Viel zu viel Arbeit?", werden Fortbildner und Lehrerinnen und Lehrer aus Best-Practice-Schulen oft gefragt. „Wie lange sitzt ihr denn jeden Tag in der Schule?" Dann lautet die Antwort schon einmal: „Bis 17 Uhr. Aber dann sind wir auch wirklich fertig!" Der nächste Tag ist komplett vorbereitet, nötige kollegiale Absprachen für die Wochen- und Monatsplanung sind getroffen, arbeitsteiliges Erstellen von Material erledigt oder in der Planung. Lehrerinnen und Lehrer aus solchen Kollegien empfinden diese Arbeitszeit zumeist nicht als Zumutung. Gemeinsam Unterricht für eine Klasse oder mehrere Kurse zu planen, wird als Erleichterung empfunden, eher als Bereicherung denn als Last. Freuden über Erfolge werden gefeiert, Fehlversuche leichter gemeinsam ausgehalten und analysiert. Ganztagsschulen in Schweden organisieren diesen Teil der außerunterrichtlichen Lehrerarbeit gleich mit und integrieren ihn in die schulische Anwesenheitspflicht von Lehrern. Selten fallen dort wie bei uns in innovativ engagierten Kollegien so viele Überstunden an. Indivi-

Gute Teamarbeit entlastet

duelle Lernbegleitung und ihre Vorbereitung sind ebenso fester Bestandteil wie traditionelles Unterrichten und kollegiale Zusammenarbeit. Von diesem Lehrerbild ist unser Regelschulsystem noch weit entfernt.

Unser Verständnis des beamteten Fachlehrers als Einzelkämpfer an einer Halbtagsschule wurde jahrzehntelang durch die Lehrerausbildung und die Schulorganisation (vgl. Kapitel 4.4) zementiert. Dies gilt besonders für die Lehrämter an Gymnasien, bei denen der Erwerb reinen Fachwissens bisher die absolut dominierende Rolle spielte. Fachdidaktik, erfolgreiche Kommunikation und Teamwork nehmen im Studium eine sehr geringe Rolle ein. In den nordischen Ländern ist das eher umgekehrt. Dort werden nicht nur Theorien vermittelt, sondern auf höchst praktische Weise trainiert, auf wie vielfältige Weise es möglich ist, Kindern mit unterschiedlichsten Voraussetzungen fachliche Inhalte zu vermitteln. Hier wird der Lehrer als selbstständiger „Konstrukteur" von Unterricht verstanden, wie es einmal N. Posse in einem Gespräch ausdrückte. Professionalität besteht darin, Lerninhalte so aufzubereiten, dass Lernende Anknüpfungspunkte finden können. Kinder stehen dann im Mittelpunkt der Lehrkunst, nach ihnen und mit ihnen richtet der Lehrende seine Inhalte und Methoden aus. Dass dazu ein tiefes Verständnis des Unterrichtsgegenstandes gehört, ist selbstverständlich. Profunde fachliche Kenntnisse sind eine notwendige Voraussetzung für das Wissen, auf welche Weise die wesentlichen Aspekte einer Sache auf unterschiedlichen Wegen erschließbar sind.

Kinder im Mittelpunkt

Nun kann man wie Senge (1996) die Lücke zwischen Realität und Vision, wenn wir unsere lernfreundliche Schule mit ihren BASIS-Bausteinen einmal so bezeichnen wollen, auch kreativ nutzen und sich nicht nur dadurch entmutigen lassen. Die in diesem Buch erwähnten Schulen sind dafür gute Vorbilder. In dem von ihnen vertretenen Leitbild (etwa „Jeder kommt mit" oder „Langsam – leise – freundlich – friedlich") formulieren sie zwar ein bestimmtes zentrales Ziel – doch die anderen zu BASIS gehörenden Elemente werden in der Regel in diesen Schulen ebenfalls weiterentwickelt. Das könnte dazu ermutigen, an einer geeignet erscheinenden und vor allem machbaren und von mehreren Beteiligten gewollten Stelle an der eigenen Schule einen Anfang zu versuchen.

Nötig ist aber auch eine andere, selbstbewusstere Haltung den vielen ministeriellen Initiativen gegenüber, die bereits in Gang gesetzt wurden. Der Praktiker vermisst hier oft eine zugrunde liegende, verständliche und ihn einbeziehende Vision und entsprechende Ressourcen, die das neue Ziel als erstrebenswert darstellen und machbar werden lassen. Allzu oft konnte das Gefühl entstehen, es gehe nur um die rasche Einführung neuer Handlungsfelder, die größere Effektivität ohne nennenswerte Kosten versprechen. Man konnte sich des Eindrucks nicht erwehren, dass einzelne Elemente der nordischen Länder, die sich in der PISA-Studie als positiv herausgestellt haben, einfach und publikumswirksam auf unser System aufgepfropft werden sollten, ohne ihnen die Zeit für eine organische Entwicklung zuzugestehen. Es vermittelt sich der

Nicht mehr, sondern anders arbeiten

Eindruck, dass anstelle einer gründlichen, wohlüberlegten Reform nur weitere Aufgaben zu den bestehenden hinzugefügt werden sollen. Entlastungen an anderen Stellen und weitere Umstrukturierungen, die in den erfolgreichen PISA-Teilnehmerländern dazugehören, werden vermieden. Viele Lehrerinnen und Lehrer empfinden sich dadurch in ihrem Beruf zunehmend eher als Lastenträger der Gesellschaft denn als mutige und selbstbewusste Gestalter von Schulen als „Treibhäusern der Zukunft", wie der Bildungsjournalist Kahl es ausdrückte. Genau diese Haltung wäre aber nötig, um Innovationen in Gang zu bringen und sie erfolgreich zu implementieren.

Manchmal kommen Zukunftsbewegungen doch noch zustande, weil dahinter ein deutliches Muss für alle steht. Man *muss* einen neuen Weg gehen, *muss* alte Pfade verlassen, weil es einfach so nicht mehr weitergeht. Für dieses „Müssen" gibt es in unserem Land durchaus handfeste Gründe, sowohl gesellschaftlicher als auch wirtschaftlicher Natur. Angesichts des vielzitierten demografischen Wandels müssen wir uns fragen, wie viele unter ihren Möglichkeiten bleibende Schülerinnen und Schüler wir uns noch leisten können. 2005 kamen auf 100 19-jährige Jugendliche nur noch 75 1-jährige Kinder. Man kann sich leicht ausrechnen, wie viele berufsreife Schulabgänger wir 2020 haben werden, wenn wir beim jetzigen System bleiben. Mit unserer knapp 25 % aller Schülerinnen und Schüler umfassenden Gruppe, die nicht oder gerade eben die niedrigste mögliche Kompetenzstufe im Lesen und in der Mathematik und den Naturwissenschaften erreicht, ist in unserem Land kein Staat zu machen. Für diese Gruppe wird es in Zukunft einfach nicht genug Arbeitsplätze mehr geben, die nur einfachste Anforderungen stellen. Genau wie andere europäische Länder haben wir das Industriezeitalter, in dem zahllose Un- und Angelernte noch gebraucht wurden, hinter uns gelassen. Damit sind nicht nur Wirtschaftsprobleme vorprogrammiert, sondern auch eine weitere Entsolidarisierung unserer Gesellschaft. In den 1960er Jahren kämpfte Dahrendorf für ein Bürgerrecht auf Bildung, Picht rief angesichts mangelnder Fachkräfte die „deutsche Bildungskatastrophe" aus. Alles deutet darauf hin, dass wir 50 Jahre danach erneut an einem ähnlichen Punkt angekommen sind.

Die Zeit drängt: Schule muss sich verändern

Angesichts der Bildungsexplosion in China und anderen asiatischen Ländern gab der Präsident der Hochbegabtenforschung in den USA 2008 die Parole aus: „Let's stand up for gifted education now." Er sah die USA mit ihrer bisherigen Bildungspolitik hoffnungslos ins Hintertreffen geraten, was die Förderung besonders talentierter Jugendlicher angeht. Auch wir sollten aufstehen, allerdings für alle unsere Kinder. Sie brauchen dringend mehr Erfolg in der Schule. In diesem Sinne: Bildung für alle, BASIS für alle!

Literaturverzeichnis

Ainsworth, U. D., M. C. Blehar, E. Waters, S. Well (1978): Patterns of attachment. Hillsdale, N. J.: Erlbaum

Arnold, Margret (2006): Brain Based Learning and Teaching – Prinzipien und Elemente. In: U. Herrmann (Hrsg.): Neurodidaktik. Weinheim und Basel: Beltz, S. 145–158.

Artelt, C., A. Demrich, J. Baumert (2001): Selbstreguliertes Lernen. In: Deutsches PISA-Konsortium (Hrsg.): PISA 2000. Basiskompetenzen von Schülerinnen und Schülern im internationalen Vergleich. Opladen: Leske & Budrich, S. 271–298.

Baddely, A. D (1992): Working memory. In: Science 255, S. 556–559.

Bargel, T., U. Steffens (Hrsg.) (1987): Beiträge aus dem Arbeitskreis „Qualität von Schule". Wiesbaden: Hessisches Institut für Bildungsplanung und Schulentwicklung, Heft 1–4.

Bauer, J. (2002): Das Gedächtnis des Körpers. Frankfurt/Main: Eichborn.

Bauer, J. (2006): Beziehungen: Der Motor unseres Lebens. In: Psychologie Heute, Heft Oktober 2006, S. 20–25.

Bauer, J. (2009): Lob der Schule. München: Heyne.

Betz, D., H. Breuninger (1982): Teufelskreis Lernstörungen. München: Urban und Schwarzenberg.

Bildungskommission NRW (1995): Zukunft der Bildung, Schule der Zukunft. Neuwied: Luchterhand.

Bloom, B. S. (1973): Individuelle Unterschiede in der Schulleistung: ein überholtes Problem. In: W. Edelstein, D. Hopf (Hrsg.): Bedingungen des Bildungsprozesses. Stuttgart: Klett, S. 251–270.

Bowlby, J. (1995): Bindung: Historische Wurzeln, theoretische Konzepte und klinische Relevanz. In: G. Spangler, P. Zimmermann (Hrsg.): Die Bindungstheorie. Grundlagen, Forschung und Anwendung. Stuttgart: Klett-Cotta, S. 17–26.

Brägger, G., N. Posse (2007): Instrumente für die Qualitätsentwicklung und Evaluation in Schulen (IQES). Zürich: hep-Verlag.

Brägger, G. (2009): Sieben auf einen Streich?! Workshop gehalten auf dem Schulleitungssymposium 2009, PH Zug. (Material online unter: http://www.schulleitungssymposium.net/2009/pdf/parallelprogramm_DE/SLS-2009-Braegger.pdf, recherchiert am 3.3.2010.)

Breuninger, H. (1980): Lernziel Beziehungsfähigkeit. Dissertation. Essen 1980.

Budniak, J. (2002): Gruppen lernen ihre Arbeit zu präsentieren. In: Lernende Schule 18, S. 51–54.

Caluwé, L. de, E. C. H. Marx, M. Petri (1988): School development, models and change. ISIP-Technical Report Nr. 6 OECD: Leuven: ACCO Academic Publishing Company.

Csikszentmihalyi, M., K. Rathunde, S. Whalen (1993): Talented teenagers: The roots of success and failure. New York: Cambridge University Press.

Dörger, U. (1992): Projekt Lehrerkooperation. Weinheim und München: Juventa.

Dresel, U., A. Ziegler (2006): Langfristige Förderung von Fähigkeitsselbstkonzept und impliziter Fähigkeitstheorie durch computerbasiertes attributionales Feedback. In: Zeitschrift für Pädagogische Psychologie 20, Heft 1/2, S. 49–63.

Dumke, D., S. Wolff-Kollmar (1997): Lernstrategien in der Beurteilung von Lehrern und Schülern. In: Psychologie in Erziehung und Unterricht, Heft 44, S. 165–175.

DVLFB (Deutscher Verein zur Förderung der Lehrerinnen- und Lehrerfortbildung e.V.) (2009): forum Lehrerfortbildung. Heft 43.

Emer, W., K.-D. Lenzen (2008): Projekteigene und projektnahe Methoden im Überblick. In: Pädagogik, Heft 1, S. 16–19.
Fauser, P., M. Prenzel, U. Schratz (2007): Der Deutsche Schulpreis 2006. Seelze: Klett-Kallmeyer.
Fauser, P., M. Prenzel, U. Schratz (2008): Der Deutsche Schulpreis 2007. Seelze: Klett-Kallmeyer.
Fauser, P., M. Prenzel, U. Schratz (2009): Der Deutsche Schulpreis 2008. Seelze: Klett-Kallmeyer.
Frey, K. et al. (1999): Biologische Hypothesen zum dominierenden Lehr-Lernverfahren in Schulen. In: Bildung und Erziehung 52, Heft 3. Köln: Böhlen, S. 335–351.
Frohnapfel, E. (2009): Sie sind wichtig, sie erfahren Respekt. In: Pädagogik 1, S. 16–21.
Füller, C. (2008): Schlaue Kinder, schlechte Schulen. München: Droemer.
Füller, C. (2009): Die gute Schule. München: Pattloch.
Gardner, H. (1991): Abschied vom IQ. Die Rahmentheorie der vielfachen Intelligenz. Stuttgart: Klett-Cotta.
Gassen, H.-G. (2008): Das Gehirn. Darmstadt: Wissenschaftliche Buchgesellschaft.
GEW (Hrsg.) (2003): IGLU/PIRLS. Hoffnungsträger Grundschule. Frankfurt/Main: GEW Verlag.
Gloger-Tippelt, G., V. Hofmann (1997): Das Adult Attachment Interview. In: Kindheit und Entwicklung 3, S. 161–172.
Hage, K. et al. (1985): Das Methoden-Repertoire von Lehrern. Eine Untersuchung zum Schulalltag der Sekundarstufe I. Opladen: Leske & Budrich.
Härnquist, K. (1960): Individuella differenser och Skoldefferentierung 1957 års skolberedning II SOU 1960: 13. Stockholm: Statens Offentlige Utretninger.
Hasselhorn, M. (2009): Lernen aus pädagogisch-psychologischer Perspektive. In: Lernende Schule 46–47, S. 4–8.
Hay McBer (2000): Research into teachers' effectiveness. Research Report RR 216. Department for Education and Employment, UK.
Heller, K., C. Perleth: Talentförderung und Hochbegabtenberatung in Deutschland. In: K. Heller, A. Ziegler (Hrsg.) (2007): Begabt sein in Deutschland. Berlin: LIT, S. 140–170.
Heller, K., A. Ziegler (Hrsg.) (2007): Begabt sein in Deutschland. Berlin: LIT.
Helmke, A. (2003): Unterrichtsqualität erfassen, bewerten, verbessern. Seelze: Friedrich.
Helmke, A. (2006): Was wissen wir über guten Unterricht? In: Pädagogik 58, Heft 2, S. 42–45.
von Hentig, H. (1993): Die Schule neu denken. München, Wien: Hanser.
Heymann, H. W. (2008): Lernen inszenieren – Interesse wecken. In: Pädagogik 60, Heft 6, S. 6–9.
Holzapfel, H., K.-J. Tillmann: Bildungsreform kontrovers. Was die Wissenschaft tut, was in der Bildungspolitik geschieht – und was Schulen jetzt brauchen. In: Vereinigung Deutscher Landerziehungsheime (Hrsg.): Dokumentation der 3. Großen Mitarbeitertagung vom 4.–6.11.2004 in Jena, S. 130–141.
Homeier, W., Brügmann, K. (2009): Externe Evaluation und Controlling. In: DVLfB (Deutscher Verein zur Förderung der Lehrerinnen- und Lehrerfortbildung e.V.) (2009): forum Lehrerfortbildung. Heft 43, S. 48–53.
Husén, T. (1967): Verschiedene Schulformen und die Entfaltung von Begabungen. In: OECD-Bericht 1961. H. P. Widmaier (Hrsg.): Begabungen und Bildungschancen. Frankfurt, Berlin, Bonn, München.
Husén, T. (1993): Pros and Cons of Comprehensivisation. Vortrag auf dem Kongress zu Komprehensivität in Europa, Budapest, Mai 1993.
Kail, R. (1992): Gedächtnisentwicklung bei Kindern. Heidelberg, Berlin, New York: Spektrum.
Kaiser, I. (2008): Demütigung als Machtmittel. In: Pädagogik 60, Heft 2, S. 18–21.

Keidel, W. D. (1967): Kurzgefasstes Lehrbuch der Physiologie. Stuttgart: Thieme.
Killus, D. (2007): Förderung selbstgesteuerten Lernens. In: Die Deutsche Schule 3, S. 330–342.
Klein, S. (2009): Wie kommt das Gute in die Welt? In: Die Zeit, Nr. 53 vom 22.12.2009, Dossier, S. 15–19.
Kloepfer, I. (2008): Aufstand der Unterschicht. Hamburg: Hoffmann und Campe.
Kolb, B., I. Q. Whishaw (1996): Neuropsychologie. Heidelberg, Berlin, Oxford: Spektrum.
Krumm, V. (1999): Machtmissbrauch von Lehrern. In: Journal für Schulentwicklung 3, S. 38–52.
Largo, R. H., M. Beglinger (2009): Schülerjahre. München, Zürich: Piper.
LBS-Kinderbarometer Deutschland 2007. Berlin: Bundesgeschäftsstelle der Landesbausparkassen.
Leschinsky, A., K. Cortina (2003): Zur sozialen Einbettung bildungspolitischer Trends in der BRD. In: K. Cortina et al. (Hrsg.): Das Bildungswesen in der Bundesrepublik Deutschland. Reinbek: Rowohlt, S. 20–51.
Miller, G. A. (1956): The magical number seven, plus minus two! Some limits on our capacity for processing information. In: Psychological Review 63, S. 81–97.
Miller, R. (1997): Beziehungsdidaktik. Weinheim und Basel: Beltz.
Möller, J. (1997): Auslösende Bedingungen leistungsbezogener Attributionen. Weinheim: Psychologie Verlag Union.
MSW NRW (= Ministerium für Schule und Weiterbildung des Landes Nordrhein-Westfalen) (2009): Das Schulwesen in Nordrhein-Westfalen aus quantitativer Sicht. 2008/09. Statistische Übersicht 369, April 2009. Kap. 3: Schulen, Schülerinnen, Schüler und Klassen. http://www.schulministerium.nrw.de/BP/Schulsystem/Statistik/2008_09/StatUebers.pdf (recherchiert am 17.05.2010), S. 21–43.
Nørretranders, T. (1994): Spüre die Welt. Die Wissenschaft des Bewußtseins. Reinbek: Rowohlt.
Petri, M., N. Posse, E. Rüdell (2007): Schulentwicklung. Modelle, Diagnostik, Beratung. Baltmannsweiler: Schneider.
Prengel, A. (2005): Anerkennung von Anfang an – Egalität, Heterogenität und Hierarchie im Anfangsunterricht und darüber hinaus. In: A. Hinz, U. Geiling (Hrsg.): Integrationspädagogik im Diskurs – auf dem Weg zur inklusiven Pädagogik. Bad Heilbrunn: Klinkhardt, S. 15–35.
Prengel, A. (2008): Anerkennung als Kategorie pädagogischen Handelns. In: Pädagogik 60, Heft 2, S. 32–35.
Robinsohn, S., H. Thomas (1971): Differenzierung im Sekundarschulwesen. Stuttgart: Klett-Cotta.
Roth, G. (2006): Warum sind Lehren und Lernen so schwierig? In: U. Herrmann (Hrsg.): Neurodidaktik. Weinheim und Basel: Beltz, S. 49–59.
Roth, H. (1961): Pädagogische Psychologie des Lehrens und Lernens. Hannover: Schroedel.
Roth, H. (1975): Pädagogische Anthropologie, Bd. 1. Hannover: Schroedel.
Rüdell, E. (2002a): Lernen, aber wie? Oder „Die Kunst, das Reptil zu bändigen". In: Lernende Schule 18, S. 13–17.
Rüdell, E. (2002b): Kleingruppentraining. In: Lernende Schule 18, S. 35–39.
Rüdell, E. (2004): Kurswechsel in der Diagnostik der Rechtschreibkompetenz. In: Lernende Schule 26, S. 35–39.
Rüdell, E. (2005): Standards at work. In: Friedrich Jahresheft XXIII, S. 54–57.
Rüdell, E. (2008): Lesen: 5, Rechtschreiben: 6. Schulische Fördermöglichkeiten bei LRS. Saarbrücken: vdm.
Schaeper, H. (2001): Lehrkulturen, Lehrhabitus und die Struktur der Universität. Weinheim: Deutscher Studien Verlag.
Schleicher, A. (2007): Interview mit K. H. Heinemann (ausgestrahlt am 3.2.2007). WDR.

Literaturverzeichnis

Schmitz, E., P. Voreck, K. Hermann, E. Rutzinger (2006): Positives und negatives Lehrerverhalten aus Schülersicht. Bericht Nr. 82. TU München.
Seligmann, M. E. P. (1999): Erlernte Hilflosigkeit. Weinheim und Basel: Beltz.
Senge, P. (1997): Die fünfte Disziplin. Stuttgart: Klett-Cotta.
Shiffrin, R. M., W. Schneider (1977): Controlled and automatic human information processing I + II. In: Psychological Review 84, S. 1–66 und 127–190.
Simonton, D. K. (1997): When giftedness becomes eminence: How does talent achieve eminence? In: N. Colangelo, G. A. Davis (Hrsg.): Handbook of gifted education. Boston: Allyn & Bacon, S. 335–349.
Smith, A. (1998): Accelerated learning in the classroom. Stafford: Network Educational Press LTD.
Spitzer, M. (2002): Lernen. Gehirnforschung und die Schule des Lebens. Heidelberg, Berlin: Spektrum.
Stern, E. (2006): Wie viel Gehirn braucht die Schule? In: U. Herrmann (2006): Neurodidaktik. Weinheim und Basel: Beltz, S. 79–86.
Vester, F. (2001): Denken, Lernen, Vergessen. München: dtv.
Wahl, D. (2006): Lernumgebungen erfolgreich gestalten. Bad Heilbrunn: Klinkhardt.
Weinert, F. E. (Hrsg.) (1996): Psychologie des Lernens und der Instruktion. Göttingen: Hogrefe.
Weinert, F. E. (1999): Die fünf Irrtümer der Schulreformer. In: Psychologie Heute, Juli, S. 29–34.
Wellenreuther, M. (2009): Forschungsbasierte Schulpädagogik. Baltmannsweiler: Schneider.
Winner, E. (2007): Kinder voll Leidenschaft. Hochbegabungen verstehen. Berlin: LIT.
Wolf, G. (1992): Das Gehirn. Wege zum Begreifen. München: Quintessenz Verlag.
World Vision Deutschland (Hrsg.) (2007): Kinder in Deutschland. 1. World Vision Kinderstudie. Frankfurt/Main: Fischer.
Zeinz, H., O. Köller (2009): Schulisches Selbstvertrauen und die Reform der Notengebung. In: Pädagogik 61, Heft 4, S. 38–43.
Ziegler, A. (2007): Förderung von Leistungsexzellenz. In: K. A. Heller/A. Ziegler (Hrsg.): Begabt sein in Deutschland. Berlin: LIT, S. 113–138.
Zimmermann, U. (1993): Das Nervensystem – nachrichtentechnisch gesehen. In: R. F. Schmidt, G. Thews (Hrsg.): Physiologie des Menschen. Berlin, Heidelberg: Springer, S. 176–183.

Das Dialogische Lernmodell

URS RUF | STEFAN KELLER |
FELIX WINTER (HRSG.)

Besser lernen im Dialog

Dialogisches Lernen
in der Unterrichtspraxis

20 x 27 cm, 275 Seiten, Paperback

ISBN 978-3-7800-4913-1, € 27,95

Das Dialogische Lernmodell kann Ihre Schüler anregen und anleiten, ihr Vorwissen und ihre persönlichen Einstellungen ins Spiel zu bringen: Im Dialog mit der Sache, mit Lernpartnern und mit Lehrpersonen beteiligen sie sich aktiv und konstruktiv am Aufbau ihrer fachbezogenen Handlungskompetenz. Die Erfahrung, ernst genommen zu werden, etwas zu können und Mitglied einer Lerngemeinschaft zu sein, motiviert sie, ihr Lernen selbst in die Hand zu nehmen.

Neben den Grundzügen des Dialogischen Lernmodells zeigt das Buch die praktische Umsetzung konkret an verschiedenen Unterrichtsbeispielen. Das macht Lust, den eigenen Unterricht neu zu denken.

Geeignet für Lehrer aller Schulstufen und Unterrichtsfächer.

Alle Preise zzgl. Versandkosten, Stand 2010.

Unser Leserservice berät Sie gern:
Telefon: 05 11/4 00 04 -150
Fax: 05 11/4 00 04 -170
leserservice@friedrich-verlag.de

www.klett-kallmeyer.de

Mit Portfolios arbeiten

ILSE BRUNNER | THOMAS HÄCKER | FELIX WINTER (HRSG.)

Das Handbuch Portfolioarbeit

Konzepte · Anregungen · Erfahrungen aus Schule und Lehrerbildung

20 x 27 cm, 272 Seiten

ISBN 978-3-7800-4941-4, € 21,95

Portfolios stehen für eine neue Lernkultur, die selbstständiges Arbeiten und die Umsetzung eigener Ideen in den Mittelpunkt stellt. Nutzen Sie die vielfältigen Möglichkeiten der Portfolioarbeit als Chance, Ihren Unterricht grundlegend zu erneuern und die Eigeninitiative Ihrer Schüler zu wecken! Das **Handbuch Portfolioarbeit** bietet Ihnen Hilfen und Anregungen, die Lust machen, dieses Konzept selbst auszuprobieren. Es erläutert die konzeptionellen Grundlagen der Portfolioarbeit und veranschaulicht sie an konkreten Beispielen. Darüber hinaus erhalten Sie wichtige Hinweise zur Leistungsbewertung – ein immer wieder diskutiertes Thema.
Geeignet für Lehrer aller Schulstufen und Unterrichtsfächer.

Alle Preise zzgl. Versandkosten, Stand 2010.

Unser Leserservice berät Sie gern:
Telefon: 05 11/4 00 04 -150
Fax: 05 11/4 00 04 -170
leserservice@friedrich-verlag.de

www.klett-kallmeyer.de